LIFE PACKING 2.1

未来を生きる ためのモノと知恵

高城 剛
TSUYOSHI TAKASHIRO

PROLOGUE

物理的な負荷を
捨てれば
捨てるほど
人生が
拡大していくと
気がついた

　世界最大の消費タウン「東京」をやめ、モノが溢れる生活を脱却してから、もうじき10年目を迎えようとしています。3年半前に出版した「LIFE PACKING」リリース時から、さらにモノを削減し、持っていた不動産もすべて売却し、家に住むという当たり前のアイデアもやめた結果、移動距離が飛躍的に延びることになりました。現在は、行く先々のホテル等に住み、拠点すらない、ある意味スマホのような生活です。

　考えてみれば当たり前の話で、大荷物を抱えたままの移動は、肉体的にも精神的にも大変ですが、ほとんど荷物を持たずに出かけることができれば、遠くに、そして速く移動するのは、現代社会において難しくありません。LCCの普及により、日本からタイまで1万円台で行くことが可能で、タイからドイツまで100ユーロ台で渡航できるようになりました。いうまでもなく、こんな大移動が可能になった時代は、人類史上初なわけです。僕自身この半年だけを振り返っても、すでに30カ国以上訪れています。

一方、そんな時代に、どこにも動かずに、モノに囲まれた日々を選ぶことも可能です。モノ、カネ、ヒトが移動するグローバル化と情報化社会は表裏ですから、クリックひとつで世界中のモノが家までやってきます。

　しかし、このような時代に最強だと僕が考えるのは、移動しながら情報化社会の利得を享受する日々を送ることです。例えば、前作に掲載していた小型ハードディスクは、もう手元にありません。クラウドの一般化と大容量のマイクロSDカードが安価になったために、小型ハードディスクを持ち歩く必要がなくなりました。コンピュータを駆逐したスマートフォンやタブレットにはハードディスクというものがありません。クラウドと小さなメモリーだけで動いているわけですが、そんな時代に前時代的なハードディスクとは距離を置いてもなんら不都合はありません。これを物理的旅行スタイルに置き換えると、3年半前に情報を入れる中心がハードディスクで、モノを入れる中心はキャリーバッグだったのですが、現在はその両方を使用するのをやめています。

　なぜなら、情報端末同様に社会も変化し、それに合わせた旅行スタイルも「進化」する必要があるからです。そして旅行スタイルの「進化」は、移動距離を飛躍的に延ばし、多くの経験と知見を得て、あらゆるリスクに立ち向かう知恵を与え、人生のバージョンアップにつながるのです。本書では、ついに手ぶらで2泊3日の海外旅行をするための必需品を掲載するまでに至りました。

　持ち物をさらに圧縮し、人生をさらに拡大中！

　「LIFE PACKING2.1」を、どうぞ最後までお楽しみくださいませ。

007

035

059

1DAY
PACKING

2NIGHTS 3DAYS
PACKING

2WEEKS TO 6MONTHS
PACKING

HOW TO USE

本書では、旅行期間の長さごとに高城剛が必要とするアイテムを分類し、荷物を運ぶための独自のパッキング方法を紹介しています。読み方については少々工夫がいります。最もミニマムなパッキングは「1DAY」ですが、2泊3日の旅行の荷物は「1DAY ＋ 2NIGHTS 3DAYS」というように加算され、旅程が長くなるほど荷物がどんどんプラスされていきます。しかしこれはあくまでも高城流のパッキ

CONTENTS

167

1 YEAR PACKING

218

FUTURE PACKING

ング・アイデアであり、このまま真似てほしいというわけではありません。本書を通してアイテムの取捨選択やパッキング術のヒントを得たり、あるいはもっと自由かつ型破りな発想のもとに本書を自由に活用いただければ、こんなにうれしいことはありません。

ATTENTION
本書使用上における注意点

- 本書掲載のアイテムやツールは、すべて高城剛の私物ですので、原則として問い合わせ先は掲載していません。
- 本書掲載のアイテムやツールは、購入時期の古いものもあり、
  デザイン、サイズ、価格について変更されている場合があり、また販売終了しているものもあります。
- 表記の価格につきましては、市場を調査した2016年6月の情報にもとづいた税抜き価格です。
  購入時期や購入先によっては価格が上下すると考えられます。あくまでも目安としてご参考ください。
- アイテムやツールのサイズまたはウェイトは、公式的に発表されている数値を表記しています。
  したがって実測した際、多少の差異がある可能性があります。
- 手作りや1点モノ、海外輸入品など、掲載商品と同一のものはお求めになれないこともあります。
- 印刷の都合により、実際の商品と写真の色や素材感が多少異なる場合があります。
- 購入手段の問い合わせにつきましても、本書制作サイドへの質問等はご遠慮いただきますようお願いいたします。

DAY
PACKING

1DAY

手ぶらだからこそクリエイティビティがアップする

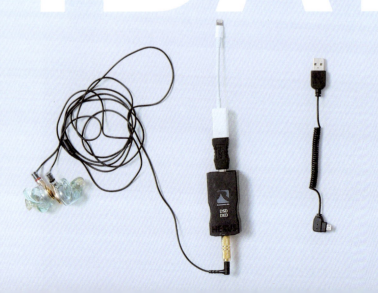

相変わらず、日常的には手ぶらで過ごしていて、その上、家がなくなってホテル住まいになったことで、鍵もなくなり、キーチェーンも手元から消滅しました。一方、ほぼスマートフォンと同じサイズの折りたたみキーボードをポケットに忍ばせることによって生産性は増大。かつては、5分あればメールやウェブサイトを見ていましたが、いまは本を読んだり、原稿を書くようになりました。旅先だろうがどこだろうが、思いつくままに街をブラブラし、感じたままに写真を撮って、原稿を書いて、熱が冷めないうちに送る。いまでは、手ぶらのままで、多くの仕事を完結するようになりました。

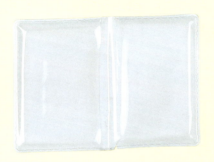

1DAY INSIDE PACK 1
クリアカードケース
**結局やめないでいることが
僕にとっての最適解なのです**

やめよう、やめよう、もうやめよう、と何度考えても、どうしてもやめられないのが、このクリアカードケース。裸のままでクレジットカードを持ったり（おかげでカードがボロボロになりました）、小さなポリ袋に変えたりと色々試しましたが、やっぱり戻ってしまうということは、かなり便利なものという証なのでしょう。ここに各国の交通プリペイドなど各種カード類、名刺、バンドエイド、頻繁に行く国のSIMやメモリー一式、小さな定規にボールペン、そしてホメオパシーまで、あらゆる物理的なものを詰め込んでいます。

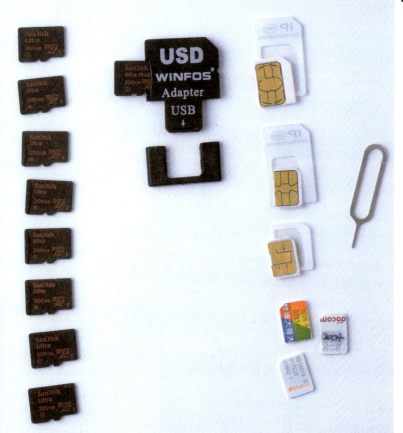

1 DAY № 01

Ultra Premium Edition Micro SDXC Card 200GB (×10)
SanDisk

SIZE:W15×D1×H11mm/WEIGHT:0.4g/PRICE:Open Price

+
Micro SD Adapter
WINFOS

SIZE:W32×D24×H2.3mm/WEIGHT:5g/PRICE:Open Price

+
SIM CARD

WEIGHT:0.5g(1piece)

これでもうポータブルHDDを一切持ち歩かなくていい

MicroSDカードの大容量化と価格が安くなったことに伴い、200Gを10枚程度持ち歩いていて、いつもポケットの中に2Tバイトほど入れています。音楽10万曲以上、書籍1000冊以上、写真1万枚、映画および映像1000本が、このサイズに収まる未来が、いまやってきました。個人的にはクラウドをかなり活用していると思いますが、実はそこまでクラウドを信用していません。大体、インターネット環境がなかったり、非力な場所にいることも多く、そんな時には、直近の仕事をここに収めておくとバックアップも兼ねて大変便利。アダプターを同梱し、USBメモリーとして、またフルサイズのSDカードとしても使えるようにしておき、いざとなったらカメラ用メモリーの緊急用としても使っています。200GのMicroSDは、1枚50ドルを切った際に、まとめ買いしました。僕はこれでポータブルHDDを持ち歩くのを、きっぱりやめました。

1 DAY № 02

Micro Kit
Homeopathy Japan

SIZE:W121×D52×H15mm(Case)/WEIGHT:63g/
NET:70粒×36本/PRICE:¥8,000

プラシーボ効果？でも僕にはよく効きます

日本では相変わらず「怪しい偽薬」と訝しがられるホメオパシーですが、欧州では空港の薬局でも販売しているほど一般的な存在です。よく言われる「医学的見地」とはなにをさしているのかいまひとつ不明ですが、世の中には「現代の科学」ではわからないものが多く存在するのは事実であり、たとえ気のせいだとしても、ホメオパシーが効く人がいるのもまた事実です。実は、僕もそんなひとり。最近はホメオパスに選んでもらったホメオパシーを、時々の体調に合わせて小さな瓶タイプを1本選んで持ち歩き、ちょっと風邪気味だったり、気圧の変化や気温差が激しい場所を行ったり来たりして体調を崩しそうな時に適宜飲むようにしています。気のせいかもしれませんが、それなりに効き目があります。

1 DAY №03

モビロンバンド
日清紡

NET:195本/PRICE:Open Price

輪ゴムと決別させてくれた最強の結束バンドに首ったけ

デジタルテクノロジーの高度化に伴い、様々なディバイスおよび周辺機器は、高機能かつ小型化に向かっていますが、ここ数年、僕のポケットの中で小さな革命が起きました。それは、輪ゴムを一切使用しなくなったことです。その代替商品がこのモビロンバンド。いわゆる「ゴム」ではなく、熱可塑性ポリウレタンをリング状に成形した製品で、バーコードを貼ったものに巻いてもコードを読み取ることが可能なんです。なにより、切れません！ このモビロンバンドとの出会いによって、僕は輪ゴムを一切やめました。たぶん、今後も一生輪ゴムとは縁切りです。このモビロンバンドを使って、古いハードディスクのベルトを交換するツワモノもいるようです。用途は想像以上に広いですね。正式名称は「ポリウレタンエラストマー輪状バンド」だそうですが、そんな長い名前は覚えられません。モビロンバンドは、モビロンバンドです。

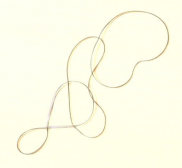

1DAY INSIDE PACK 2
キャッシュとモビロンバンド
**無造作といえばそうですが
最も合理的なんじゃないかな**

誰が言ったが知りませんが、金持ちは長財布を持っているそうです。ところが僕は「財布」というものを、生まれてからこのかた持っていた記憶がありません。とにかく昔から現金をそのままポケットに突っ込んで、マネークリップといえば聞こえはいいのですが、最近はモビロンバンドでただ留めているだけです。その上、毎日のように滞在する国が異なりますので、いつも数カ国のお札を同梱しています。またクレジットカードを1枚だけ別に持ち、もしもカード一式が入ったクリアカードケースを失くした際のバックアップにもしています(あるある!)。念のため胃薬と頭痛薬、そして八方除けのお守りを挟み込んでいますが、薬はどれも使用することが減多にありませんので、事実上お守り同然になっています。

1 DAY № 04

iPhone 6s
Apple

SIZE:W67.1×D138.3×H7.1mm/WEIGHT:143g
PRICE:Open Price

+

iLepo Flyshark2
iLepo

SIZE:W252×D75×H9mm(Folding Size:W130×D75×H13mm)/
WEIGHT:150g/PRICE:Open Price

外出先での執筆ツールがこんなにコンパクトになりました

そんな大きくなって、どうするの!? とiPhoneが大型化した際には感じましたが、やはり使ってみないとわからないもので、いまでは「スマホを横使い」がすっかりデフォルトになりました。シールタイプのスタンドをiPhoneの裏面に貼り付け、折りたたみキーボードを一緒に持ち歩けば、どこでも高速入力できるテキストマシンが完成です。フリック入力だと、どうしても英文に対応できず、長文をキーボードで叩く快感も得られません。なによりキーボードがあると「仕事感」がぐんと増します。会議で皆さんテーブルの上にコンピュータを広げていますが、僕だけiPhone横使いに折りたたみキーボードで臨み、しかし、それでも機能はほぼ一緒です。タブレットの存在が年々希薄になりつつあり、いまはこのシステムで1冊の本の大半を書くまでになりました。ええ、いまお読みのこの文章もそうやって書いています。

SOLAR PAPER
YOLK
SIZE:W85×D185×H1.5mm(Folding Size)/WEIGHT:120g/PRICE:$79.00

+

K10000
OUKITEL
SIZE:W76.6×D157.7×H13.9mm/WEIGHT:319g/PRICE:$149.99

鍋が煮込める(?)中国製スマホの畜電力が凄い

どうしても「予備バッテリー」という存在が好きになれません。あんなに重くて大きいのに、機能は「予備バッテリー」のみって。最近はスマートフォン本体が大きくなって大容量化したのに伴い、「予備バッテリー」も年々大型化の傾向にあります。それでも機能は変わらず、「予備バッテリー」は「予備バッテリー」なんです。そこで僕が使っているのが、中国製の大容量バッテリーを持つスマートフォン「OUKITEL K10000」です。その名の通り10000mAhのバッテリーを持ち、iPhone SEのバッテリー容量が1624mAhですので、6回チャージできる計算になります。メーカー発表によれば1ヵ月充電しなくてもスマホとして機能する、とのこと。さすがに普段使いしていて1ヵ月もつようには思えませんが、1週間以上もつのは事実で、公式サイトにはこのOUKITEL K10000を複数繋いで、鍋を煮込む映像もありました。そのセンスはさておき、パワフルなことは確かです。ほぼ同サイズのソーラーパネルYOLKをつなげば、半永久的に発電&蓄電可能です。

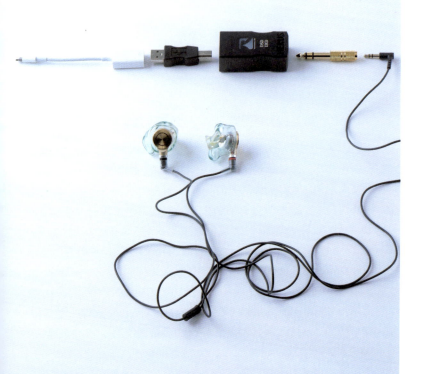

1 DAY № 06

Just ear XJE-MH1
SONY ENGINEERING
SIZE:13.5mm(Driver)/PRICE:¥300,000

+

HERUS+ RSL-HRSP
Resonessence Labs
SIZE:W31.7mm×D20×H63.5mm/WEIGHT:64g/
PRICE:Open Price

聞こえなかった音を聴かせる、これぞヘッドフォン革命

ウェアラブル・ディバイスが話題ですが、僕にとって唯一無比のウェアラブルが、数年前に素晴らしい小型モニター MDR-ES800STを作ったSONY ENGINEERINGの最新作「Just ear」。耳にシリコンを流し込んで型取りし、一人ひとりの耳の形に合わせて手作りされる、いわばテイラーメイドのヘッドフォンです。しかも各人の聴力に合った周波数に調整してくれるのも、その他の類似商品とは大きく違います。これは僕自身が作った体験談からですが、いままで聞こえていると思い込んでいた音が調べてみると聞こえてなくて、その偏った周波数を調整してもらって「本当の音」が聞こえるようになりました。本当にびっくりです。それゆえ、他の高級・高音質をうたっている商品でさえもはや使えなくなりました。DAコンバーターとしてHERUS+を併用し、電力不足の際には他から供給してハイレゾを楽しんでいます。いまでは他のヘッドフォンを手放し、もうこれだけ。DJをやる際にも愛用しています。

Wide 18MM
MOMENT

SIZE:φ30mm/WEIGHT:44g/PRICE:$79.99

＋
Tele 60MM
MOMENT

SIZE:φ30mm/WEIGHT:50g/PRICE:$79.99

スマホ撮影のわがままを叶える高画質拡張レンズ

最近のスマートフォンには高性能カメラが搭載されており、コンパクトデジタルカメラに負けず劣らずの写真を撮ることが可能です。普段使いでは問題ないくらいの高画質ゆえに「もう少し広角で撮れればいいのに」や「ほんの少しでいいからボケがあればいいのに」というわがままな願望を、最近よく聞くようになりました。そんなスマートフォンに求めるにはチョット酷な広角＆ボケ写真の撮影を実現するべく、手作業で組み立てたハイクオリティ交換式レンズがこのMOMENTです。画質は競合の類を見ないほど素晴らしい。専用のアタッチメントシートをスマートフォンに貼り付けるだけで、かなりの高画質な写真を撮ることができます。実はAppleのiPhoneだけで撮られたCMもこのレンズを使っている、と実際に撮影した人から直接聞きました。

CRT300V C
new balance
SIZE:22.0〜30.0cm/PRICE:¥12,500

空港ゲートでもモタモタせず着脱速攻で履き心地も抜群

世界的なテロの増加に伴い、空港のセキュリティも年々厳しくなっています。なかでも北米の空港では、恒常的に履いている靴を脱ぐ必要があり、他国の空港もセキュリティレベルが上がれば、飛行機に乗るたびに銭湯の脱衣所同然になるほどです。毎日のように飛行機に乗る僕としては、履きやすく、かつ脱ぎやすいスニーカーばかりを選ぶことになり、とりわけベルクロのスニーカーは、空港のセキュリティにもってこいの一足だと思います。そこで選んだのはニューバランスの復刻モデル、レトロなCRT300のベルクロモデルです。他モデルにも採用されている履き心地抜群のREVLITEソールで、その上クッション性と軽量性に優れたACTEVAと比べて30％も軽量です。スニーカーの機能は履きやすさだけでなく、パッと脱げる便利さも重視される時代になったと思います。

1 DAY № 09

マイクロタオルハンド サーフ
mont・bell

SIZE:250×250mm/WEIGHT:10g/
MATERIAL:Polyester50%×Nylon50%/PRICE:¥552

これを忍ばせておくのが21世紀の男の嗜み

重さ10g。薄手で軽量・コンパクトながら、抜群の吸水拡散性を持つマイクロファイバーを使用した高機能タオル。25cm四方のこれをタオルというのは心もとない大きさで、いわば「21世紀のハンカチ」といったところでしょう。木綿の20世紀から、マイクロファイバーの21世紀といった感じです。この新素材のおかげで、吸水性が高いのに綿と比べて3倍の速乾性があり、抗菌性も高く、汚れが落ちやすいのも特長。水で濡らして首に巻けばクーリング効果を発揮し、なにより携行時は丸めることで超コンパクトに収納でき、10分の1以下のサイズまで小さくできます。ポケットに忍ばせて、あらゆる場面で大活躍します。ちなみに同じシリーズで大きいタイプもありますが、そちらのサイズを求めるなら他にも多くの選択肢がありますので、ご一考を。

1 DAY Nº 10

PETA assort
PCM竹尾

SIZE:W50×H26.5mm(×3colors)/PRICE:¥359

たまにむくむくと現れるアナログ欲求を満たすモノ

かつてこのポジションにいたのはポストイットでした。しかしメモのほとんどがデジタル化したことにより、出番は少なくなってきたので、価格は上がりますが高機能なモノへ変えました。それが透ける全面糊付箋「PETA」です。最大の特徴は透明で全面に糊が付着しているため、下に文字が書いてある紙やモノの上に貼って、さらにその上に文字を書けるところです。書類の上に貼り、下に書かれている文字の上に文字を書いて、指示を促すこともできます。でもそんな機会は、年に数回あるかどうか。それよりもメモとして機能を果たす上、何度も貼ったりはがしたりして使えるのが良い点です。ただし、メモやポストイットと比べて価格は驚くほど高いのですが、紙のメモの使用量が大きく減ったので、まあいいかな、と。滅多に使うことはありませんが、やはりアナログで書きたくなる時もあって、これもなかなかやめるにやめられませんね。

荷物を軽くすると
発想のフットワークも
どんどん軽くなる。

2 NIGHTS 3 DAYS PACKING

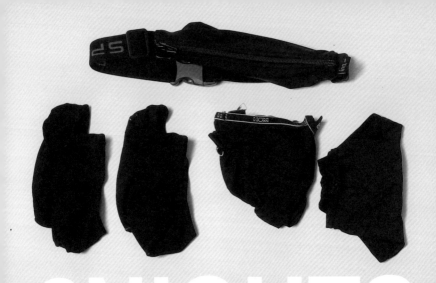

2NIGHTS
3DAYS

税関で怪しまれようとも結局大事なのは度胸です

いまや2泊3日の海外旅行でも、手ぶらで出陣。旅とパッキングのひとつの究極形だと思います。とは申しても、パスポートから着替え、シャンプーや歯ブラシなどをはじめ、それなりのものは持ち込みます。なにより、海外旅行となると、税関検査を突破しなければならないワケで、さすがに手ぶらは怪しいにもほどがあります（経験談）。こんな時こそスーツを着用。これで税関検査のハードルもグッと下がりました。この半年の間にも、香港をはじめとする数カ国に手ぶらで出かけました。ここまでくると、もはや大切なのは、モノより度胸かもしれません。

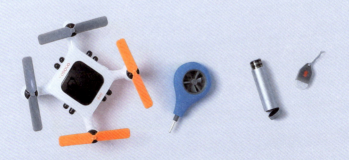

2NIGHTS 3DAYS №11

SPIBELT LARGE ブラック
Alphanet

SIZE:63〜102cm(Waist)、W225×H25mm(Pocket)/
MATERIAL:Neoprene(Pocket)/PRICE:¥3,200

2泊3日程度の必需品はウエスト周りに秘密があるのです

海外に出かける時に、「行った先で衣類を調達すればいい」というツワモノもいますが、2泊3日程度だとそんな時間すらもったいなくて、ましてや旅先でお気に入りの衣類がそう簡単に見つかるとも思えません。もちろんコストも増すばかり。僕が手ぶらで海外旅行をする時は、小さな秘密があります。ジョギング用に開発された極小ウエストバッグ「SPIBELT」をベルト代わりに装着。ここに2日分の着替えやお気に入りのシャンプーや歯磨きセットを同梱するのです。優れたパッキングの秘訣は、持ち物を決める前に、容れ物を先に決める点にあります。このSPIBELTに入るだけと決めれば、おのずと持っていくものが精査されます。ちなみに、SPIBELTにはいくつもの大きさと種類があり、本当に不安でしたら、少し大きめのサイズを選ぶといいでしょう。

2NIGHTS 3DAYS INSIDE PACK 1
リキッドパック

**贅肉を削ぎ落とせば
ここまでタイトになります**

いつも使っているオーガニック・シャンプーや歯磨きセット、ハサミに爪切り、マッサージクリームにヘアムース、綿棒に針と糸、そして常備薬から垢すりまで、日常生活用品のすべてを小さなポリ袋に詰め込んで、念のためモビロンバンドで留めています。2泊3日用としていますが、実際はこれだけで余裕で半月暮らせます。もし、3ヵ月に渡航が延びたとしても、シャンプーの量が増える程度。こうやって考えると、いかに日常生活用品が過剰なのか、よく理解できます。パッキングした実寸は7x10cm程度に、すべてが収まっています。

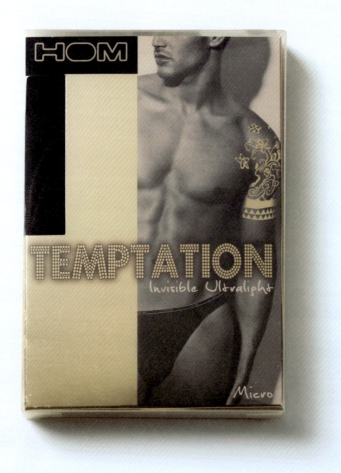

2NIGHTS 3DAYS № 12

TEMPTATION
Invisible Ultralight
HOM

MATERIAL:Polyamide 68%×Elastane 32%

浮気をしても戻ってしまう、そんなパンツってありますか？

前作「LIFE PACKING」から3年以上経っても、変わらないものは変わらない。それがパンツです。この3年半の間、いくつもの商品を探しては購入し、「浮気」もしました。しかし、この「HOM TEMPTATION Invisible Ultralight」を、機能的かつサイズ的に凌駕する逸品はついに現れませんでした。かつては欧州でしか手に入らず、一時国内でも販売が開始されたものの、再び国内正規輸入品は手に入らなくなりました。前作の影響でメーカーに問い合わせが急増したのかもしれませんが、実際メーカーが百貨店に卸してみても、多くの人は気にも止めなかったのではないでしょうか。これだけは穿いてみるまで、そして実際にパッキングしてみるまで、なかなか良さがわかりません。このサイズより小さくなると、もはや男性用Tバッグになってしまい、それは僕にとって快適ではありません。実際に試した経験談です。

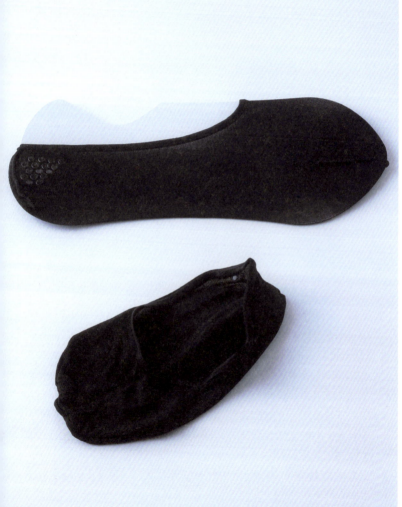

2NIGHTS 3DAYS № 13

N-Platz SILK
NAIGAI

MATERIAL:Silk×Nylon×Polyurethane/PRICE:¥1,000

日本人の足には日本製のソックスに限ります

スポーツ系のショートソックスは数あれど、非スポーツ系のショートソックスで、ここまで軽量かつ薄手のものは見当たりません。それが「NAIGAI N-platz SILK」です。NAIGAIは、1920年（大正9年）創立の靴下（ソックス）、ストッキングをはじめとするフットウェアの老舗。このN-platzも老舗らしい誇りをもって日本有数の靴下工場で生産。さすが歴史と経験がなせる匠の技、日本人の足にバッチリ合います。カラバリは黒と茶。素材はシルク、ナイロン、ポリウレタンの混合です。かかとの粒々はストッパーで、フィット感、ホールド感が抜群です。なによりパッキングすると本当に小さくなるんです。もし、これが「薄すぎる!」と感じるなら、同シリーズの別のモノをお試しください。本シリーズの中から、きっとお気に入りが見つかるでしょう。もう手放せません。

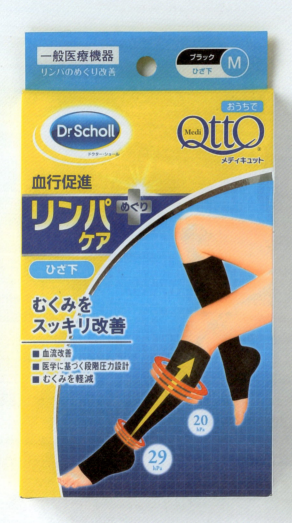

おうちで
MediQttO ひざ下
Dr.Scholl

SIZE:M〜L/MATERIAL:Nylon×Polyurethane/
PRICE:¥OpenPrice

ソックスの長さを調節するためあえて女性用を履きます

海外では「フライトソックス」とも言われる日本の元祖着圧ソックス「MediQttO」。しかし残念ながらここ数年で、品質がすごく落ちたと感じます。使用をはじめて10年以上経ちますが、日本製をうたいながらも品質の低下は激しく、すぐ破けます。それでもスポーツ系の同等品で踵まであるものがないので、現状では僕にとって類似品が見当たりません。踵まであったほうが機能だけではなく、心地いいんです。長年の癖かもしれません。その上、前述したショートソックス「NAIGAI N-Platz」と組み合わせて履く機会が多く、そのため代替品がないのです。ショートソックスしか手持ちにないけど、少し長いソックスを履きたいと思った時にMediQttOを組み合わせれば、ソックスの長さの調節が可能。ですので、僕は踵まである女性用（ひざ下）をあえて選んで購入しています。

2NIGHTS 3DAYS NO 15

TRAVEL
NON-IRON SHIRT
ORIGINAL

MATERIAL:Cotton100%

白シャツの魔力の謎をただいま鋭意研究中

白いシャツを着ていたほうが、絶対に各国税関検査のウケが良いのは経験から実感する事実で、最近は「白シャツの魔力」を感じるほどになりました。第一印象は大切ですね。そこで、前作で掲載した「着心地だけを追求したオーガニック・コットンのTシャツ」同様、ノンアイロンの白シャツを自作しようとただいま奮闘中。ノンアイロンシャツなら、旅先でザバーっと洗った後に、そのまま吊して乾かせばOK。アイロンをかける必要がありません。現在あらゆるメーカーから販売されているノンアイロンシャツを検証中で、パスポートがしっかり入るポケットなどを付けた「TRAVEL NON-IRON SHIRT」を作ろうと思っています。まだまだ試作段階で、完成はいつになることやら。もう少し「白シャツの魔力」についても研究したいと思います。

2NIGHTS 3DAYS Nº 16

Rowkin Mini
Rowkin

SIZE:W14×H20mm(Body)、W16×H56mm(Charging Case)/
WEIGHT:3g(Body)、15g(Charging Case)/
PRICE:¥9,065

持続時間よりも大きさを評価したい

忙しい時に限って、テレフォン・カンファレンスもたて込むもので、しかも長時間のフライトの後には緊急案件のため、空港に着くなり電話会議に参加しなければならないことも多々あります。そんな時には、両手をあけたまま話すことができるワイヤレスヘッドセットが欠かせません。いままでワイヤレスヘッドセットは、それなりの大きさでしたが、ついに外から見ても、ほとんど見えないサイズの「Rowkin Mini」が登場。USB充電器と併せて持ってもまだまだ小さく、このサイズ感は満点ですが、正直機能は50点。バッテリーのもちが悪く(大きさ的に仕方がないと思います)、ピンチの時はスマートフォン本体からリバースケーブルを使って充電しています。とはいえこのサイズ感はやはり魅力で、機能がいまひとつだと理解していても、なかなか手放せないでいます。

2NIGHTS 3DAYS Nº 17

mi adidas
STAN SMITH
adidas

PRICE:¥14,000〜

自分だけのスニーカーって愛着の深さが別格です

ベルクロのスニーカーばかり履いているのは前述した通り。最近はスーツでもベルクロのスニーカーを履いています。というのもアディダスのスタンスミス人気のおかげで、オンラインでカスタマイズできるmi adidasを利用し、面白い素材のオリジナルスニーカーを作れるようになったからです。同じベルクロのスタンスミスMasterシリーズもスーツに合うとは思いますが、やはり自分だけの一足は愛着が湧きますよね。ちなみにアディダスは、90年代前半の東西ドイツ統合以降、グローバリゼーションの波に乗り、スニーカーの生産をアジアで行い、会社の規模と利益を拡大してきました。今後は自国でロボティックスによる生産を中心に行うと発表していますので、個々のユーザーがカスタマイズできる余地はもっと増えるでしょう。楽しみです。

2NIGHTS 3DAYS № 18

THE SMART NANO DRONE
ONAGOfly

SIZE:W125×D125×H46mm/WEIGHT:140g/
PRICE:$259.00

おもちゃレベルですが世界中の規制をパスします

なんで手ぶらで旅行しているのに、ドローンを持っていくの？ とお考えの方も多いでしょう。ええ、ただドローンが好きなだけなんです(笑)。ONAGOflyは、クラウドファンディングではじまったGPSホールドする世界最小のドローンで、重さ140gと、世界のどこのレギュレーションにも引っ掛かりませんので、街中でも飛ばし放題! 日本の改正航空法(別名:ドローン法)だと200g未満、アメリカのFAA合衆国航空連邦法の規定だと250g以下は、あらゆる規制の対象外なんです。すなわち、やりたい放題! ですが節度を持って遊ぶようにしてください。ドローンは、ストリートカルチャーとテクノロジーの交差点に立っています。本機は、このサイズながらSONY製のCMOS16メガピクセルのカメラを搭載していますが、残念ながら動画の画質はいまひとつ。飛行性能も決して高いとは言えません。ズバリ、おもちゃですが、だからいいんです。I love drone!

2NIGHTS 3DAYS Nº 19

Wind Meter WFWMT10
WeatherFlow

SIZE:W43×H85mm/
PRICE:$39.95

今日の風はドローンを飛ばすのに向いているかな?

「君は、どこの船頭かい?」と思われるかもしれませんが、ドローンを飛ばすようになると気になってくるのが風力。いままで体感だけでなんとなく風力を測定し飛行していましたが、最近導入したのがiPhoneにつなぐ風力計「WeatherFlow Wind Meter WFWMT10」です。日本語対応のアプリをダウンロードし、iPhoneのイヤホンジャックに挿せば、風向き、平均風速、瞬間最大風速を表示し、簡単に風速を計れます。端末のGPSと併用すれば、位置情報と共にデータ保存も可能です。ただし現実的には、地上と上空では風力が違うことも多く、あくまでも目安にしか過ぎません。それでも感覚を可視化したり数値化できるのは、少し安心です。テクノロジーは巨大な研究施設だけのものではなく、いよいよ個々が自然環境までも可視化する領域に入ってきたと感じています。

パッキングとは
本当の「必要」を
可視化すること。

2 WEEKS TO 6 MONTHS PACKING

2WEEKS↑
6MONTHS

上手なパッキングのコツは、先にサイズを決めること

キャリーバッグをやめました！ これがこの3年半で起きた僕の旅行スタイルの最大の変化です。その理由は、ズバリ重いから。カバンが重いというより、それなりの便利なカバンを持ってしまうと、結果的に目イッパイ詰めてしまうからなんです。上手なパッキングのコツは、先にサイズを決めてしまうこと。年間100便以上の飛行機に乗り、50カ国以上訪れる移動スタイルにキャリーバッグはフィットしません。そこで削りに削って、10Lのバックパック（＋ドローンを入れる紙袋）だけにしてみたところ超快適。バッグの大幅削減があったからこそ、渡航距離とスピードがグンと延びました。

PORTER TANKER DAY PACK 10L
吉田カバン

SIZE:W280×D130×H400mm/WEIGHT:440g/
PRICE:¥17,500

キャリーバッグから解放してくれたデイパック

一緒に旅を共にする友人や仕事仲間が口々に「信じられない!」と言うのですが、もはやこの10リットルのデイパックだけで冬にも耐えられる半月分の着替えを入れて、世界一周しています。すなわち、月に2回洗濯すれば半永久的にこれだけで暮らせるのです。ドローンと空港のセキュリティ検査で取り出す必要があるMacBookとiPad miniだけは紙袋（愛用は伊勢丹デパ地下）に入れていますが、ドローンを持っていかなければ、iPad miniはデイパックに入れて、MacBookを手持ちしています。考えてみれば、すでに4半世紀以上使っている長い付き合いのPORTERのTANKERシリーズは、いまや日本を代表する素晴らしい逸品に成長したと思います。修理などのアフターサービスも抜群。ファスナーなど頻繁にメンテにも出して、コンディションを整えています。もはや大型バックパックもキャリーバッグを転がす日々も、完全に卒業です!

MacBOOK
Apple

SIZE:W280.5×D196.5×H13.1mm/WEIGHT:920g/
PRICE:¥148,800〜

長足の進歩を遂げる欠かせないパートナー

「ムーアの法則」と呼ばれる18ヵ月に2倍の速度でCPUが賢くなる半導体集積回路の法則は、若干陰りが見えるものの、基本的には現在も広義には継続中です。それゆえ、18ヵ月に1度はコンピュータを買い替えるようにしており、なにより電力をそこまで使わないCPUの登場とバッテリーマネージメントの劇的な進化が、ここ数年で起きている静かなる革命です。この「Mac Book」が素晴らしいのは薄型で軽量なだけでなく、他のマックやPC本体からもUSBで充電可能なこと。その上、前述した巨大バッテリースマホOUKITEL K10000からも給電できるのです。まさか、スマホでコンピュータが充電できる時代になるとは考えませんでした。このようなことからもMacBookは、デザイン的にはノートに見えますが、実際はキーボード付きタブレットと考えたほうがいいでしょう。これでDJからHDサイズの映像編集も手がけています。

iPad mini4
Apple

SIZE:W134.8×D6.1×H203.2mm/WEIGHT:298.8g/
PRICE:¥42,800(16GB)〜

ある時は巨大な図書館、またある時はコントローラー

iPhoneの大型化や、各社からフォンとタブレットを一緒にしたファブレットと呼ばれるスマートフォンが多数リリースされたことにより、すっかりタブレットは影を潜めました。しかし、どうしてもタブレットを必要とする時がふたつあります。ひとつは、グラフィックたっぷりの書籍を読む時。もうひとつは、ドローンのコントローラーとして使う時です。まずこのiPad mini4には、1000冊を超える書籍が入っており、素晴らしいモバイル図書館として機能しています。またParrotのBebop2などのコントローラーとして使えば、iPhoneよりはるかにiPadのほうが飛行距離を延ばせます。公式サイトによれば、その差はおよそ5〜6倍も違うそうで、iPhoneだったら50mも飛ばせば不安定になるところ、iPadを使うと300m近くまでしっかり飛ぶのです。タブレットとして考えると、すっかりスマホ(大)にお株を奪われた感が強くありますが、書棚かつドローン・コントローラーとして考えれば、これほど便利なものはありませんね。

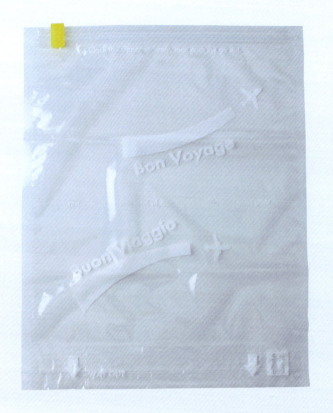

衣類圧縮袋M L
各5枚10枚組
Amazon.co.jp限定

SIZE:W320×H390mm(M)、W340×H500mm(L)/
WEIGHT:20g(M)、21g(L)/PRICE:¥1,315

衣類は真空パックでコンパクトに圧縮します

その昔、とは言っても10年ほど前まで、圧縮袋といえば使っていない布団をしまう家庭向けの便利なアイデア商品に過ぎませんでした。それがここ最近、すっかり旅行者にとっても定番アイテムとして定着。Amazonでオリジナルを出すほどまでに旅行時に使う人が増えています。上手に圧縮するコツは、闇雲に突っ込まず、それなりに整理して入れること。結果的にそれがシワを軽減します。いまや最小サイズの圧縮袋に、2週間分の着替えを入れられるまでになりました。ここ最近の僕の旅行スタイルは、同じ街に3泊もしませんので、日々衣類の圧縮と解凍を続けているのですが、さすがに圧縮袋にそこまでの耐久性はありません。気がつくとビリっと突然破けてしまいます。ですので、バックアップを数枚持って旅に出ることが大切です。

SOLO-TOURIST POCKET DAYPACK
ヴァリュウ物産

SIZE:W290×D80×H370mm/WEIGHT:76g/PRICE:¥1,400

安かろう、悪かろう? いえ、安いのに最高です

どうやら僕は、あまりに高価なカバンが好きではないようです。それゆえ手ぶらでいることや、そのあたりでもらったビニール袋や紙袋をこよなく愛して使う日々を送っています。けれどもやはり機能面で不安が残ることもあります。そんな僕がイザという時に重宝しているのが、スーパーの袋ほどチャチではなく、それなりの価格がするカバンの間ぐらいに位置し、なおかつ機能性と携帯性に優れているヴァリュウ物産の折りたたみリュックです。重さ76g、手のひらサイズの折りたたみリュックで、前面にあるファスナーポケットに本体を収納できます。ちょっと海へ色々持って行く時に、PORTERの10Lデイパックを空にして持って行くのではなく、この手のひらサイズの折りたたみリュックが重宝します。ちなみに、DJIのPHANTOMとコントローラーもギリギリ入ります。まさかこれにPHANTOMが入っているとは、誰も思いませんよ。

2WEEKS TO 6MONTHS № 25

NEXTRAVELER T-shirt build 1.0

SIZE:S〜L/MATERIAL:Organic Cotton100%

おかげさまで完売御礼! アップデートモデルも作ります

着心地だけを追求し、畑を巡って綿から育て、和歌山県の世界最古の吊り編み機工場で少しずつ織って作った「自作オーガニック・コットンTシャツ」は、前作の「LIFE PACKING」刊行時はまだ生産前でした。その後、メールマガジン読者の皆様へAmazonを通じて発売になるとご案内したところ、瞬時に完売いたしました。ご購入いただいた皆様、本当にありがとうございました。周囲の友人たちにもとても評判がよく、誠にうれしい限りです。その後、自分の分がなくなるたびに、少しだけ増産を続けてきましたが、追加分もあっという間に完売。現在も多くのご注文やご要望を頂戴しておりますが、なかなか時間がかかり、大量生産とは参りません。次回はそれなりに改良して、多くの皆様にお届けできるようにするつもりです。何卒お楽しみにお待ちくださいませ。

2WEEKS TO 6MONTHS № 26

Strike Jacket
NP11500 K
THE NORTH FACE

SIZE:S〜XL/WEIGHT:130g/MATERIAL:Nylon/
PRICE:¥18,000

わずか130gがもたらす機能性と心地よさ

少し前まで、ソフトシェルはアウトドアリサーチのヘリウムシリーズを愛用していましたが、あまりにも品質が落ちてしまったために、多くの方々にお勧めできる商品ではなくなってしまいました。もう何枚買って破れたことか。ボトムも散々でした。そこで新しく使っているのが、「THE NORTH FACE Strike Jacket」です。極薄ナイロンの採用により超軽量の130g。メチャ軽いと言われていたヘリウムシリーズ165gを凌駕する一着で、しかも高機能です。日本の高温多湿の環境下で肌に密着する不快感を軽減し、雨以外のシーンでも快適な着心地をもたらします。シンプルで、街で着るにも最適で、機内で寒くなった時にもすぐに着られるよう携帯しています。後続商品も出ていますので、どこかで更新したいと思っています。

PLASMA 1000
Down Jacket
mont・bell

SIZE:XS〜XL/WEIGHT:132g ※Average/
PRICE:¥25,400

デザインさえよければ申し分ない超軽量ダウン

いつもながらデザインはいただけませんが、企画は素晴らしいmont・bellが出したライトダウン。僕のサイズなら130gを切るほど超軽量です。小型アクションカムのGoPro(ケース込み)が169gで、前述のTHE NORTH FACEのソフトシェル以下の重さですので、その軽さは驚異的です。機能面を見ても1000フィルパワーのEXグースダウンを封入。氷点下に行かない限り、このライトダウンとソフトシェル、そしてインナーに防寒性の高いウェアを着れば、真冬も乗り切れます。圧縮袋に入れれば、驚くほど圧縮率が高く、ペラペラな板同然の厚みにすることができますので、南半球と北半球を移動する真冬と真夏が数日で入れ替わる旅にも最適です。あとはデザイン性が高ければ言うことなしなのですが、そのあたりがmont・bellらしいと言えるのかもしれません。

2WEEKS TO 6MONTHS № 28

NANO TOWEL
finetrack

SIZE:850×380mm(Packing Size:60×90mm)/
WEIGHT:40g/PRICE:¥3,000

現在、最もお勧めできる高機能なアウトドアタオル

世界最先端の超ファインポリエステルファイバーの力で、石鹸の使えないアウトドアでも、水だけで汚れや皮脂、油をすっきり落とすことができるアウトドアタオル。6×9cmの収納時から想像できないほど大きく広げることが可能で、とはいえ85cm幅ですからバスタオルとまではいきませんが、機能性が高く、用途も広く満足できます。特に吸水拡散性能を持ち、広げて干せばすぐ乾き、小さくたためば濡れタオル状態を長時間保持できます。水で濡らせば優れたクーリング効果も発揮。山でも海でも温泉タオルとしても使えます。もちろん一般のお風呂タオルと同じく石鹸を使って体の汚れをきれいに落とせます。もう、垢すりもいりませんね。偶然通りかかった川に飛び込んでも(よく、あります!)、これさえあれば、急場はしのげます。ちなみに小さいサイズもむりやり同梱しています。

SAWYER MINI
SAWYER PRODUCTS

SIZE:φ35×H135mm(Filter)、W125×H225mm(Pouch)/
WEIGHT:55g(Filter)、19g(Pouch)/
PRICE:¥4,000

いついかなる場所でも安全な飲料水を確保するために

一般的にこの手の商品は、災害時や緊急時に安全な水を確保する目的に利用されるものですが、例えばインドの奥地に行くとペットボトルの水が、実はそのあたりの水だったりすることも珍しくないので、こういった簡易浄水機能がついたストローを常に携帯しておきたいところです。最近は、高機能で小型軽量な製品も多く、この「SAWYER MINI」は無数にあいた0.1ミクロンの穴で水をろ過する仕組みで、その浄化能力は非常に優れています。バクテリアや微生物など有害な病原菌を除去する能力は薬品を入れる方法以外では、現存する類似品と比べ最強だと思います。標準的なペットボトルにセットできるのも重宝しますし、必要なければ付属のパウチを持ち歩く必要はありません。いまや大道具を車に積み込まずに手ぶら同然でキャンプに行って、水を現地調達する時代なのかもしれませんね。

α7R Ⅱ
ILCE-7RM2
SONY

SIZE:W126.9×D60.3×H95.7mm/WEIGHT:582g/
PRICE:Open Price

＋
LM-EA7
TECHART

PRICE:¥39,629

＋
JUPITER 8 50mm/F2
KMZ

PRICE:¥17,500 ※平均的中古価格

この度、ヴィンテージが生まれ変わりました

ここ数年、メインカメラはSONYα7シリーズに、マニュアルレンズをアダプター変換して使っていましたが、驚くべきことにマニュアルレンズをオートフォーカス化するアダプターが中国メーカー TECHARTから登場しました。α7のAF電子信号を読み取り、レンズを前後させてフォーカスをオートで合わせる「LM-EA7」です。本来はライカMレンズ用ですが、それに限らず古いロシアンレンズでもMマウントに変換すれば、ヴィンテージレンズでオートフォーカスが可能になるのです。実用性もさることながら、そのアイデアに脱帽する楽しい逸品だと思います。またフルサイズのミラーレスの登場は、一眼レフを過去のものにしました。高機能かつ小型軽量。しかもアプリケーションを入れることによって、表現や機能を変えたり、増やしたりすることが可能。これはもうレンズが付いたコンピュータなんだと思います。

2WEEKS TO 6MONTHS № 31

Cyber-shot DSC-RX100M4
SONY

SIZE:W101.6×D41×H58.1mm/WEIGHT:271g/PRICE:Open Price

＋
マイクロトライポッド
JOBY

SIZE:W66.4×D15.7×H20mm/WEIGHT:26g/PRICE:Open Price

＋
ANAMORPHOT 2.0×50
SLR Magic

SIZE:77mm（Filter Size）/WEIGHT:380g/PRICE:¥160,000

スター・ウォーズの新作もこのフォーマットで撮っています

ここ数年、いわゆるコンデジはSONYのRX100シリーズを愛用しており、実は自著の見開き写真にも多用しています。なにしろこのサイズで、2000万画素以上あるのは魅力的。少し前まではDJI PHANTOM（ドローン）にも載せて空撮していましたが、最近は映像業界で大流行中のアナモルフィックレンズを付けて、オートフォーカスの世界最小アナモルフィックカメラとして、ハイスピード動画を撮って楽しんでいます。このアナモルフィックとは、撮影時に縦長で撮って、後で編集時や再生時に伸長する古い映画の規格で、現在この古いフォーマットがリバイバル大ヒット中。スター・ウォーズの新作まで、このフォーマットで撮影しています。最近はカメラ本体が高機能デジタル過ぎるので、古いレンズや古いフォーマットと組み合わせるのが、新常識となりつつあるのです。

2WEEKS TO 6MONTHS № 32

Bebop2
Parrot

SIZE:W382×D328×H89mm/WEIGHT:500g/PRICE:¥67,500

Legend1
FOXEER

SIZE:W37.5×D75×H17.1mm/WEIGHT:49g/PRICE:$99.99

Trek N300 Travel Router & Range Extender
NETGEAR

SIZE:W2.2×D6.4×H9.3inch/WEIGHT:12.3ounces/
PRICE:$100.76

ドローン大好き人間の行き着いたところ

もはや僕はドローンを手放せない人間になってしまいました。よく見かけるスマホ中毒と一緒のドローン中毒中期Ⅰ型です。DJI PHANTOMシリーズは旅行の際に毎回持ち出すには大きいこともあって、高性能ながらもコンパクトなParrotのBebop2を持ち歩くようになりました。しかしカメラの性能がイマイチで、4Kは撮れないし、静止画も困るほど魚眼。そこで小型超軽量のアクションカムFOXEER Legend1をテープで縛って飛ばしています。こちらはSONYのセンサーを使っており、16メガピクセルの高画素で撮影可能。どうにか使える写真になりました。さらに軽量化のため、iPad mini4をコントローラ代わりに使っていますが、その飛距離は300m程度。ここでwifiエクステンダーの登場です。これを使えば飛距離が楽々1kmオーバー。安宿に泊まって、レセプションまで行かなければ電波が届かない時にも重宝しています。

2WEEKS TO 6MONTHS № 33

MIR-1
37mm/F2.8
ZOMZ

SIZE:49mm(Filter Size)/PRICE:¥20,000 ※平均的中古価格

+
HELIOS 44-2
58mm/F2
HELIOS

SIZE:49mm(Filter Size)/PRICE:¥6,500 ※平均的中古価格

当たりを引くまで買いたくなる、魔性の女のような魅力

周囲の女性には絶対に内緒ですが、僕は勝手に心の中で女性をレンズに置き換えています。そつなく万能で、キレもそれなりにある人はCanonの24-70/F2.8。なにかひとつのことにメチャ秀でてて、見通し抜群だけどボケも楽しい人はZeiss135/F2。もちろんそんなことをご本人たちに話してもわからないでしょうから、僕だけの秘かな楽しみです。ええ、立派な変態なのかもしれません。おっと、話はロシアンレンズです。デジタルカメラの高性能化に伴い、バランスをとるため古いレンズが大ブーム中。なかでも東ドイツ時代の銘玉をコピーしたロシアンレンズは、なんとも言えない味があります。同じ型番でも製造工場によって写りが異なり、当たり外れも多く、いわば当たりを引くまで買い続けるしかありません。まるで古いタイプの悪女（ちょっと熟女）のようですよね。事実、一度ハマると、そう簡単には手を切れなくなる魅力があるのです。

HEAT SHEET
SURVIVAL BLANKET
SOL

SIZE:W1520×H2440mm/WEIGHT:91g/PRICE:¥1,100

常に2人用を携帯しています。念のために、ですよ

かつてはNASA公認モデルと他に数種しかなかったエマージェンシーブランケットは、ここ数年、輸入品も含めて数多くのモノが日本でも販売されるようになりました。これも地震大国のひとつの側面を表しているのだと思います。多くの商品を選べるようになると、モノ選びに目が肥えている日本人は細かい点を気にするようになるようです。これもまた世界最先端技術を有する"ものづくり大国"の側面なのだと思います。僕も他ではありません。さてさて多くのエマージェンシーブランケットに共通する問題は、一度使用してしまうと、元のように折りたためなくなってしまうことです。アルミの音がガサガサうるさいのも問題点として挙げられるようになりました。災害時にそんなことを気にする余裕があるかはさておき、このSOLは安いアルミシートと違ってしっとりしていて、うるさくありません。使用後もそれなりに小さくたたむことが可能。僕は2人用を携帯していますが、深い意味はありません。災害時にそんなことを考える余裕があるかはおいといて、なんとなく良いことありそうだからです。

2WEEKS TO 6MONTHS № 35

モバイル自炊セット

チタンダブルマグ450
snow peak

SIZE:φ86×H97mm/WEIGHT:118g/PRICE:¥3,930

O.D.コンパクトドリッパー2
mont・bell

WEIGHT:4g/PRICE:¥1,524

etc.

パスタを茹でるのにキッチンなんていりません

「健康のためなら、死んでもいい!」と、長年公言し続ける健康オタクの僕ですが、長旅で外食続きになると、どうしても体調がいまひとつになってしまいます。そこで最小最低限の自炊セットを考え、行き着いたのがこれらです。きっかけは魔法瓶水筒で有名なサーモスのパスタクッカーでした。これは単に大型魔法瓶の中にお湯とパスタを入れるだけという商品。その割には大型で、もしかしたら小型サーモスにパスタを切って入れればいけるんじゃないかと思ってやってみたら、見事に成功。じゃあ保温性の高いマグに密閉度の高いキャップをしてもいけるんじゃないかと思ってやってみたら、これまた成功。旅先で入手する古代小麦や有機デュラムセモリナ粉のパスタを茹であげ、ペペロンチーノの素をかけてホテルで自炊しています。コツはパスタの茹で時間を表記の倍にすること。コイル型湯沸かし器やコーヒードリッパーと合わせ、これだけで自炊の日々を送っています。

2WEEKS TO 6MONTHS INSIDE PACK 1
リキッドパック
**バックアップのバックアップが
必要な人もいるんです**

2泊3日のリキッドパックに、日焼け止めやうがい薬などを追加しています。歯磨き粉を見ればよくわかりますが、小分けしたボトルとは別に、オリジナルも入れています。なぜなら小分けしたボトルだけを頻繁にホテルに忘れてきてしまうからで、シャンプーも歯磨き粉も、ふたつ持ちは一見非効率に見えますが、ふたつ以上に分けておけば、ひとつを忘れてきてももうひとつがバックアップとして機能します。それほど僕は忘れ物がひどく、ひとつ忘れて、しばらくするとバックアップのふたつめもホテルに忘れて、結局旅先で巨大な歯磨き粉を買うハメになってしまうのですが。

GoPro
HERO4 BLACK & HERO4 BLACK(改)
Woodman Labs

SIZE:W59×D30×H40.5mm/WEIGHT:88g/
PRICE:¥60,500

あれが恋しい、これも欲しい、そうしてカメラが増えていく

なぜ、GoProが2台も!? とお思いかもしれません。GoProはアクションカムとして優れた逸品ですが、一眼レフやミラーレスカメラと違ってレンズ交換ができません。基本的に超魚眼で、設定で画角を変えられるのですが、その反面、画質に影響を及ぼします。そこで、GoPro本体に改造を施し、レンズを取り外して35mmカメラ換算で30mm程度の魚眼にならないレンズに変えています。けれどもそうすると今度は魚眼のGoProが恋しくなり、そこで再びレンズ交換するとなると再工事が必要。結局、新たに2台目を購入し、2台持ちしてシーンによって使い分けるようになりました。しかし冷静に考えると、スマホやドローンをはじめ、一人で日々8カメほど持ち歩いている計算になります。自分でも「何かおかしい」と思いつつも、改善できていない現状です。なぜ、8カメ?

ギョサン サンダル
PEARL
SIZE:M～4L/PRICE:¥694

漁業関係者だけに履かれるのはあまりにもったいない

通称「ギョサン」と呼ばれるサンダルは、マリン業務に従事するプロの人たちが使う逸品です。それほど特別なものでもないのですが、どこかで見たことがあるかも、と思った方はなかなか鋭い。旅館のトイレにある茶色いサンダルは、このメーカーと同じPEARL製なんです。滑りづらくて履きやすいことから漁業関係者の間に評判が広まり、「漁業関係者サンダル」や「漁業従事者用サンダル」を短く略して「ギョサン」と呼ばれるようになったそう。ダイビングインストラクターなどマリン業のプロフェッショナルにも大ヒット。「車に轢かれて足は壊れてもギョサンは壊れない」と言われるだけあって、驚くほど頑丈です。最近はラメ入りなどのカラバリも増えました。ラメギョサン!? できれば旅館のトイレの件は「なかったこと」にしたいクールジャパン商品です。

2WEEKS TO 6MONTHS № 38

BEACH PANTS
EVISU

SIZE:30〜36inch/
MATERIAL:Polyester65%×Cotton35%/
PRICE:¥12,000

水陸両用のショートパンツが荷物削減に一役買う

服をいかに少なくするかは、長期旅行で最も大切なこと。でもよくよく考えると、せっかく持っていっても着ない服は必ずあります。あらゆるシチュエーションに合う服や、兼用可能な服があれば良いのですが、現実的にはなかなかありません。しかしこのEVISU（だけどライセンス）の海パンは、パッと見にはデニムに見えるから、ショートパンツならこれ1本で陸でも海でも兼用できます。本気で海に入る時には、小さな海パンをもう一枚下に穿き、これを脱いで海に入り、それなりに濡れたままで再びこれを上から穿きます。もともと海パンですから、あっという間に乾きます。また海パンゆえにデニムと違ってかさばりません。小さくパッキングするコツのひとつは、モノ選びの時点で勝負の9割は決まっていると理解しておくのが一番のポイントです。

MobileShave M-90
BRAUN

SIZE:W118×D23×H57mm/WEIGHT:120g
PRICE:Open Price

＋
EVOLTA 単3形
Panasonic

SIZE:φ14.5×H50.5mm(1本)/WEIGHT:24g(1本)/
PRICE:Open Price

電池で性能差が変わるとは予想外の盲点でした

前作でもご紹介しましたブラウン メンズシェーバー「MobileShave M-90」は、世界の主だった空港で入手できますので、もし壊れても、なくしても、すぐに購入が可能。価格もそれほど高くありませんので、替え刃をするくらいなら、新しく購入し直すことをあえてお勧めします。実は、替えるべきは"刃"ではなく"電池"なんです。かつては充電式の単三電池を愛用していましたが、このシェーバーは電池の性能によってシェーバーの性能も大きく異なる事実が判明しました（高城調べ）。何社かの電池を入れ替えしてみると、音が大きく違って、どれがいいのか理解できます。最近、僕が使っているのは最強の電池と呼ばれるパナソニックのEVOLTAで、コストパフォーマンスに優れていますね。すでにこのシェーバーをお持ちの方は、電池の交換をして音を聞き分けてみてください。性能差を耳で実感できるでしょう。

2WEEKS TO 6MONTHS № 40

6 Tuna Knobs + travel case
TUNA DJ GEAR
SIZE:φ23mm(Bottom)/PRICE:€59.00

やっぱりいじらないと気がすまない、そんな僕はエッチ!?

ハウス・ミュージック育ちだからだと思いますが、DJをする時、XYフェーダーではなく、どうしてもロータリーノブをひねらないと気分が出ません。そのように話してたら、「エッチ!」と言われたことがありますが、関係ないでしょ! それはそれ、これはこれです。さてこのDJギアは、最近注目を集めるタブレットやスマートフォンのDJアプリを使う際に、画面上に貼り付けてアプリのノブを物理的にいじることが可能なんです。フラットな画面上のフェーダーコントロールならともかく、ノブを回すのは厳しいので、とてもよく考えられたアイデアだと思います。世界のトップDJも、飛行機の中などで簡易的にミックスする際に使用してますよ、と話していたら、またまた「エッチ!」と言われたことがありますが、関係ないでしょ! それはそれ、これはこれなんです。

Apogee iOS用 SENNHEISER ClipMic Digitalマイク
SENNHEISER

WEIGHT:24g/PRICE:¥24,800

プロっぽい映像を撮るにはマイクが大事って知ってました?

仕事でも私事でも、突然音が録りたくなることがあり、もちろんiPhoneのマイクも年々高音質になっていると思いますが、どうしても物足りません。川のせせらぎなら、危険を顧みずに水面ギリギリまでスマホを近づければいいのでしょうけれど、誰かのインタビューを映像と共に録ろうとなるとそうはいきません。口元の近くで良い音を録ろうとすれば、画面にスマホがバッチリ映り込んでしまいます。そこで胸元にちょっと隠せるクリップマイクの出番です。いままでこの手の商品は、業務用のキャノンプラグか、民生用のミニプラグでしたが、この「Apogee iOS用 SENNHEISER ClipMic Digitalマイク」は、プラグがライトニングになっているため、そのままiPhoneに挿すことが可能です。旅先で同行者の話を離れて撮る時に、音がしっかり録れていると、たとえスマホで撮ってもプロっぽく見えるんです。映像の完成度を高めるには、実はマイク選びに隠れたコツがあるのです。

無リン洗濯洗剤シート
無香料タイプ
Dizolve

SIZE:W170×H290mm(Package)/WEIGHT:80g/
NET:10sheets/PRICE:¥437

白い粉末を持ち歩いて怪しまれずにすみます

10Lのバックパックに、2週間分の着替えを詰め込んでいますので、最低月に2回は洗濯の必要があります。ホテルにランドリーが付いている場合もありますし、そのままカゴに入れて重さを計って安価に洗ってくれる街のサービスを利用する時もあります。ただしランドリーが部屋に備え付けだとしても、洗剤があるとは限りません。緊急時にはお風呂場で自ら手洗いする必要もあります。そんな時にカナダのペーパー洗剤「Dizolve」の出番です。粉末や液体に続く第三の洗剤と言われており、薄さたった1mmのシートに洗濯機1回分の洗剤がギュッと凝縮されています。土や水などに溶け出しても自然に還る生物分解性を採用し、もちろん「無リン」です。空港のセキュリティの関係上、液体物は少なくしたほうがいいので、その点も助かります。白い粉末を小分けにして持ち歩くのも怪しいですからね。ええ、僕の見た目だと。

2WEEKS TO 6MONTHS № 43

VALKEE2
VALKEE

SIZE:W36×D9×H75mm/WEIGHT:47g/
PRICE:¥25,926

脳に光を照射し、時差ぼけを劇的に解消

ハードな旅行者にとって、最大の問題は時差ぼけ。最近は、活動量計などデジタルディバイスの高機能化によって睡眠の質をそれなりに調べることができるようになりましたが、睡眠そのものを改善するのは至難の技。そこで、フィンランドのValkee2です。「ヒューマン・チャージャー」と言われるValkee2は、携帯型の日光浴補助装置。目から光を取り入れるのではなく、耳から光を脳に照射し、気軽に「脳の日光浴」ができるという冗談のような代物です。しかし、これがそれなりに効果を発揮します。まず、寝つきも変わるのですが、なにより夢見が違います。実に不思議です。元来、日照時間が短い冬の北欧は、気分が落ち込む人が多く、その解消のために開発されただけあって、気分がすぐれない時にも効果を発揮するらしく、僕にとっては「良い夢マシーン」となりました。ライト・セラピーは、時差ぼけを大きく解消する可能性を秘めていますね。ただし、人によっては使用開始時の頭痛がありますので、ご注意を。

Detox Suit
STYLISH BLACK×
DEPORTARE CLUB

SIZE:S〜XO/WEIGHT:400g/MATERIAL:Nylon100%/
PRICE:¥36,000

汗が滝のように出ますが、着用場所にはご注意を

友人が営むプロアスリート専門のトレーニング・ジムが、デトックススーツを開発。これが、驚くほどに汗が出ます。あまりに汗が出るので、ウェアには珍しい注意書きがありまして、「30分以上の激しい運動にはご注意ください」「ご使用の際は熱中症や脱水症にご注意ください」と表記されているほど。なにしろ蓄熱素材でできていますので、あっという間に「着るサウナ」になるんです。ヨガを行えば、どこでもホットヨガ状態に。その上、上下で400gという超軽量。防寒着の役目も果たします。ただし、カッコいいブラックのミニマルデザインのこのスーツを上下に着て、フードを深くかぶり、真夜中に路上で汗だくでウロウロしていると、どう見ても怪しい（笑）。着る人と着る場所を選ぶ1着だと思います。

Gel-Champú
Árbol del Té

Con el pH natural de la piel.
Elaborado con aceites
esenciales biológicos.

PROTECTOR • PROTECTING

Tea Tree
Body Gel-Shampoo

With natural pH of the skin.
Made with organic
essential oils.

ECOCOSMÉTICA
BIORESPONSABLE
Sin colorantes • Sin perfume • Sin parabenes

Tea Tree
Body Gel-Shampoo
MON DECONATUR

NET:300ml/PRICE:£7.28

悪い水質でも対抗できるという、ちょっとねじれた信頼感

長年スペインのスーパーで購入しているオーガニックシャンプーのパッケージが変わりました。成分も洗い心地も変わった様子はありませんが、一体なぜ僕はスペインのシャンプーを使い続けるのでしょうか？　日本製にも多くの選択肢があるはずです。実はバルセロナの水の品質の悪さに秘密があります。日本の水道水は世界でもトップクラスの水質を誇り、効能が高く繊細で高価なシャンプーもきちんと効果を発揮しますが、バルセロナのような水道の質が良くない街に行くと、日本で素晴らしかったシャンプーも役立たずになってしまいます。なにしろバルセロナでは水道の水を植物に与え続けていると、枯れてしまうほど「毒」なんです。そのような水質でも耐えうるシャンプーならば、世界のどこでもそれなりの効果があるのです。だからスペインのシャンプーを選び続けています。何よりこのシャンプーは、わずかな量でよく泡立つので、多くの量を持ち運ばなくてもいいところも僕にとってこの商品の魅力なんでしょうね。

SHAMPOO
MOTHER DIRT

NET:3.4fl oz/PRICE:$15.00

+

AO+ MIST
MOTHER DIRT

NET:3.4fl oz/PRICE:$49.00

+

FACE & BODY CLEANSER
MOTHER DIRT

NET:3.4fl oz/PRICE:$15.00

このスプレーさえあればお風呂に入らなくていい?

ある時、機内で偶然目にした米国の新聞に面白い記事が載っていました。なんでも、これを発明した博士は12年もシャワーも浴びずにお風呂にも入ってないという内容で、バクテリアを配合したミストスプレーだけをかければ一切問題ない、とのことでした。そのミストスプレーが「MOTHER DIRT」です。恥を忍んでお話しすると、大の風呂嫌いの僕からすれば、これほど素晴らしい商品はないわけで、早速まだ発売前のベータテスターに登録。それ以来愛用しています。日々「一応」シャワーを浴びたりしていますが、あくまでも野宿やキャンプの際にとても便利なんですよー、と「一応」お話し申し上げます。いつかたっぷり半身浴をするのが僕の小さな夢なのですが(いまはそんな長時間はムリ!)、このような商品に喜んでいる間は見果てぬ夢になりそうです。

Celadrin Cream
holista

NET:40g/PRICE:$11.89

劇薬を一切使わずして塗り込むだけで効果てきめん

どんなに健康でも、どんなに体力があっても、過酷なスポーツや移動の後のメンテナンスは絶対必要です。その日に痛めた筋肉は、その日のうちにケアするに限ります。そこで、世界中のありとあらゆるマッサージクリームを使ってきて、選び出したのがカナダにあるholista社「Celadrin Cream」です。マッサージクリームの中には効能を追求しすぎて、ボルタレンなどの痛み止めを入れ込んでいる商品も多く、そのような過激なクリームを日常的に使っていると耐性ができてしまい、いざという時に効果を発揮しません。このCeladrin Creamは、長く日常的に使えるようにオーガニック成分だけで構成されていて、効き目も抜群です。薄く何度も塗り込むことがポイント。いまでは疲れた時にツボを中心に、このクリームを塗り込むケアが欠かせなくなりました。

CREMA DENTAL
TOOTHPASTE
PASTA DENTAL
CORPORE SANO

NET:15ml/PRICE:€1.42

フッ素入りが怖いからオーガニックを選びました

フッ素は脳を溶かすから使うのをやめたほうがいい、と教えてくれたのは友人の歯科医。事実、欧州の多くの国ではフッ素入りの歯磨きの販売は違法です。なんでも、神経に影響を与え、発ガン作用があるからだそうで、もちろん日本では内緒です。高いお金を使ってタレントCMを流しているんですから口にチャックですよ、フッ素入りの歯磨きでね。それを知って以来、歯磨き粉は基本的に欧州で購入するようにしています。ここ最近の愛用品はスペインモノ。近年スペインやイタリアをはじめとする南欧のオーガニックシーンの発展はめざましく、食物からワイン、そして口に入れる意味では同じ歯磨き粉まで良品が市場を席巻しています。各国および地域の安全基準は大体が異なるもので、米国でも州によってフッ素入り歯磨は「毒性」表示を義務付けられています。もちろん、日本では内緒ですよ。だって高いお金を使ってタレントCMを流しているんですからね。

even better dark spot defense SPF45/PA++++
CLINIQUE

NET:30ml/PRICE:£28.90

世界の街角で見かけては迷わず購入しています

毎週金曜日に発行しているメールマガジン「高城未来研究所／Future Report」の読者より、僕が世界中の南の島々を回りながらも日光に対してあまりにノーケアなのをご心配くださり、素晴らしいサンプロテクションをご紹介いただきました。それが「CLINIQUE even better dark spot defence SPF45/PA++++」です。45と書いてあるようにSPFが45ですが、この商品の特徴はノンケミカルであること。さらに乳液なので、とても小さなボトルでたっぷり使えます。ただし最近後続商品に切り替わった様子で、そこにはノンケミカルと記載がなく、ビミョーに名前も変わってノンオイルとだけ書かれています。旧作の効能がいまひとつだったのかもしれませんし、当局指導のため表記できなくなったのかもしれませんが、とても気に入っていて、世界の街角で見かけるたびに、いまも僕はこれを買い続けています。

シワ伸ばしスプレー
LEONIS

SIZE:W90×D66×H157mm/NET:270ml/
PRICE:¥600

アイロンには負けるけれどアイロンに近い満足感です

ちょっとしたホテルだったらアイロンの貸し出しがありますから、わざわざアイロンを持って旅に出る必要はありません。旅先でクリーニングに出すという選択肢もあります。そこまでの必要はなくても、もう少しだけシワを伸ばしたいと思った時に便利なのが、いわゆるシワ伸ばしスプレー。吹きかけて、ピンと引っ張っておけば、それなりにシワが伸びるスグレモノです。なかでも「LEONIS シワ伸ばしスプレー」は、業務用に使われている本格仕様で効果絶大。さすがにアイロンをかけたほどパリッとまではいきませんが、圧縮袋から取り出したシャツを、ゆっくり解凍するぐらいの効能はあります。僕はこれを小さなスプレー容器に入れ替えて、クリーニングに出す時間もない時にサッと使います。いわば「時短グッズ」でもあります。

2WEEKS TO 6MONTHS № 51

STIMMELL
OLIVER PEOPLES

SIZE:52mm(Lens Width)、17mm(Bridge Width)、140mm(Temple Length)/PRICE:¥31,000

レイバンはテイバンですが僕にはこっちが似合うようです

いまから4半世紀ほど前、ロスアンゼルスのウエストハリウッドという町に住んでおりまして、近隣に一風変わったサングラスショップがオープンしました。ロスアンゼルスは年間300日晴天で、それゆえ屋外撮影が多い映画の都ハリウッドができたのですが、それゆえこの町で暮らすにはサングラスは必需品です。運転する機会も多く、機能がいまひとつの安価なサングラスは、ともすれば命に関わります。世界のパイロット御用達のレイバンを選びたいところですが、どうもレイバンは僕の顔には大きすぎて、「こども警察」みたいになってしまって似合いません。悩ましく思っていた時、例の変わったデザインのサングラスを作っていた近くの店「OLIVER PEOPLES」に入り浸るようになって、それがそのまま今日まで続いています。この10年ほどは「AERO」と呼ばれる超軽量シリーズを愛用しておりましたが、最近、同じく超軽量の「STIMMELL」に買い換えてみました。もしかしたら再び「AERO」に戻るかもしれませんが、ひと夏使い倒してみようと思っています。

2WEEKS TO 6MONTHS № 52

Connected
TAG Heuer

SIZE:φ46mm×D12.8mm/WEIGHT:81g
PRICE:¥165,000

少々の追加料金を払えばアナログに交換できるそうです

おそらくですが、この世に登場したほぼすべてのスマートウォッチを購入してきました。所詮どれもスマートフォンのリモコン機能を脱しておらず、バッテリーの問題もあって、買っては使って、しばらくしたら外すPDCAサイクルの繰り返しが続いてました。しかしながらほとんど残骸同然に。そんな中、唯一生き残ったのがTAG Heuerの「Connected」です。機能はandroid wearですので他と変わりませんが、動かしたり発光しなくても時間を確認できるのが最大の特徴。というか、それって時計の基本機能だと思います。どんなに高機能でも時計の機能を満たしていなければ「スマート」とは言えません。TAG Heuerが面白いのは、しばらく使って気に入らないなら、ちょっと追加料金を払えば、新品のアナログウォッチと交換してくれるという点。でも、待てよ。これはもしや新手の釣り商売じゃないでしょうね。このあたりはアナログの時計メーカーならではだと思います。

2WEEKS TO 6MONTHS № 53

Thera Band
D&M

SIZE:12.5×200cm/MATERIAL:Natural Rubber/PRICE:¥3,600

+
Thera Band
Door anchor DA-90
D&M

SIZE:250mm(Belt Length)、φ72×D6mm(Anchor Size)/¥1,700

使っているかと聞かれればいるような、いないような

年齢と共に人間の筋量は年間1％ずつ落ちるそうで、30歳の筋肉は80歳になると半分以下になってしまうそうです。ということは年間1％の筋量を維持できれば良い計算になりますが、年齢と共に代謝なども落ちていくため、運動量は年々上げていく必要があります。だからといって過度な食事制限や過酷なウェイトトレーニングに臨むのではなく、日頃の身体へのちょっとした刺激がとても大切なのです。特に春から秋の北半球の旅行シーズンになると、ジムにまったく通えなくなってしまうので、1日10〜15分だけホテルでちょっとした運動を行って代謝を上げるようにしています。これに少しだけジョギングを取り入れれば完璧なのでしょうが、正直毎日というわけにはいきません。週に3回のつもりが、週1回になって、気がつくと「じゃあ、なんのために持ってるの？」と自問自答することになりますが、気分は大事ですからね。トレーニングは気から！（言い訳です）

2WEEKS TO 6MONTHS INSIDE PACK 2

ビワの葉茶お札入れ

アレが入っているとは
目ざとい泥棒でも気づきません

1週間に何カ国も移動する僕にとって、各国で異なるお札をまとめるものは必要です。何を使っているかというと、前作でも取り上げたビワの葉茶袋をいまでも愛用しています。これは以前海外在住時に、マンスリーで借りていたレンタルハウスに泥棒に入られた際、なぜかこれだけ見向きもされずに難を逃れたことがありました。このパッケージで冷蔵庫に無造作に置かれていたら、まさか現金が入っているとは考えませんよね。悪知恵が働くとよく言われる僕だって見逃します。最近はお札と一緒にID写真も同梱するようになりました。持ち主もわかりますね。

のどぬーる
ぬれマスク
小林製薬

NET:3sets/PRICE:¥400

もっと美味しいマスクを楽しみに待っています

こんな細かいところを楽しませるなんて、さすが日本! と帰国のたびに感じるのはマスクです。冬から春にかけて、町中マスクマンになってしまう日本の都心部の光景は、まるでSF映画のようにも見えますが、「味付きマスク」は日本ならではで、僕の冬の帰国時の楽しみになってきました。ユーカリやゆず、シトラスなど様々な味が楽しめ、そのうちチョコレートのように「限定：サクラ風味」なども出てくるかもしれません。これなら風邪やインフルエンザ、花粉症の予防とは関係なく、味だけを楽しむ「伊達マスク」も増えるでしょう。なにしろ市場規模がこの10年で5倍近くまで急成長。さらなるニーズに応えるため、メーカー側もしのぎを削って新商品を投入中。毎年冬になると出荷される「ニューテイスト」の今後が楽しみです。

瞑想セット

AROMA TANK
LOG TANK

SIZE:φ15×H55mm/WEIGHT:5g/PRICE:¥1,800

iPod touch 6
Apple

SIZE:W58.6×D6.1×H123.4mm/WEIGHT:88g/
PRICE:¥24,800(16GB)〜

Just ear
SONY ENGINEERING

SIZE:13.5mm(Driver)/PRICE:¥300,000

映画を観なくなりました。そのうち音楽も聴かなくなるかも

もう7〜8年近く瞑想を続けていますが、最近はそれなりに上達したと自負しております。音楽も匂いも以前ほど必要ではなくなりました。少し前までは、自分で録り溜めた川のせせらぎなどを瞑想専用のiPod touch(Keynoteのリモコン兼用)に入れ、切った綿棒を利用するアロマペンダントをつけながら、五感を別の感覚に導かないと深い瞑想状態に入れませんでした。しかし修行!? の成果か、歳の功なのかわかりませんが、最近は何も聴かず、何も嗅がずに、短時間で深い瞑想状態に入ることができるようになりました。深い瞑想に到達できるようになると、ビジョンを感じるようになりますので映画をまったく観なくなるほどです。そのうち音楽さえ聴くのをやめてしまうかもしれません。いまはまだ少しだけツールが必要な時もあります。まだまだ修行!? が足りませんね。

毛穴撫子
重曹つるつる石けん
石澤研究所

SIZE:W137×D28×H91mm/WEIGHT:155g/
PRICE:¥800

身体が汚れているほどなぜか「困った匂い」がします

前作で愛用の石鹸「毛穴撫子」を紹介してからこの3年半で、20種以上の石鹸を試してきたと思います。その中でも気になった、昔ながらの製法で作られているギリシャのオーガニック石鹸「パトーニス」は、製造工場まで見学にも出かけました。なかにはそれなりに素晴らしい商品もあるのですが、やっぱりこれに戻ってしまう「毛穴撫子」。熟練の職人が、気温・湿度などを見極めながら1週間かけて丁寧に炊き上げた無添加石けんです。成分の重曹が毛穴の中まで入り込み、奥から汚れを落とし、人によっては「困った匂い」がするほどです。しかしそれは本当に身体が汚れている人だけの場合で（僕も含む）、日々清潔にしていらっしゃる方は「困った匂い」がするようなことはございません。この数年で人気がウナギのぼりの様子で、派生商品も多数発売されましたが、やはり本商品の完成度が高いと思います。

2WEEKS TO 6MONTHS № 57

SIM CARD
WEIGHT:0.5g(1Piece)

今日も世界の国々で黒ひげ危機一発!

ご覧のように、もうワケがわかりません(笑)。行った先々の空港で次々とSIMを買うのはいいのですが、元来管理能力が著しく低いこともあって、どのSIMがどの国だったのかさっぱり覚えていません。だからといって毎回買い直して、捨てるわけにもいきません。国によっては何枚もSIMを発行してくれない国もありますので、久しぶりに訪れる国は到着後、目ぼしいSIMを何枚か選んで、アタリ! が出るまで抜き差しを繰り返す必要があるのです。ん? この感覚、何かに似ていますね。そう、「黒ひげ危機一発」ゲームじゃないですか。そんな馬鹿なことを考え、自分の管理能力を猛省せず、今日もSIMの抜き差しは続いています。ちなみにSIMを10枚挿しできる、スマホが出れば一発で解決だと思いますが、またまたそんな馬鹿なことを考え、自分の管理能力を猛省しない日々も続いています。

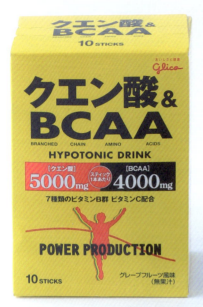

POWER PRODUCTION クエン酸&BCAA
Glico

NET:10sticks/PRICE:¥2,000

今日の疲れを吹き飛ばす。この粉、よく効きますよ

実は、口の中に入れるものだけで、本書のスピンアウトブックを1冊作ろうと思っていまして(仮題「Bio Packing」)、そこにはビタミン剤から美味しい水や玄米などを選びに選んで並べようと企んでいますが、どうしても旅の疲れを取るためにこれだけは載せたいと思ったのが、こちらのアミノ酸です。かつては味の素の「アミノバイタル」を愛用していましたが、「Glico POWER PRODUCTION」のほうが効きが良いと思います。就寝前に水(500ml)に溶かして飲めば、翌日の疲れ方がまったく違います。ただし水に溶けづらく、風味と簡便性はアミノバイタルに負けると思いますが、効能ははるかに高いのは間違いありません。水分が素早く吸収されるように、体液より低い浸透圧(ハイポトニック)ですので熱中症対策にもバッチリです。

UFL-G140 SD
INON

SIZE:φ93.4mm/WEIGHT:300g/PRICE:¥39,000

＋
GoPro
HERO4 BLACK
Woodman Labs

SIZE:W59×D30×H40.5mm/WEIGHT:88g/PRICE:¥60,500

＋
LUME CUBE
LUME CUBE

SIZE:W38×D38×H38mm/WEIGHT:109g/PRICE:$79.99

超々広角水中撮影を可能にするスペシャルセット

超広角でおなじみGoProシリーズですが、水中に持って入ると屈折率の影響でGoProらしさがまったく出ません。そこで、GoProの超広角を超々広角にするアダプターが、INONの水中セミフィッシュアイレンズです。これがあれば、海中でも超広角で撮影可能になります。また、海中を明るく照らすために僕が愛用しているのはLUME CUBE。1台1500ルーメンもありますので、単体でもかなり明るいのですが、Bluetooth接続すればスマートフォンによる調光と同期などのコントロールが可能で、5台まで連動します。その上、完全防水でこのまま水中に持って潜れますので、GoProの脇に付けて水中撮影が可能です。個人的にはビデオライトとしての使用以外に、もともとストロボがあまり好きではありませんでしたので、陸上での静止画撮影時にもこのLIME CUBEを街灯のように仕込み、アンビエントライト同然の雰囲気を作って撮影しています。

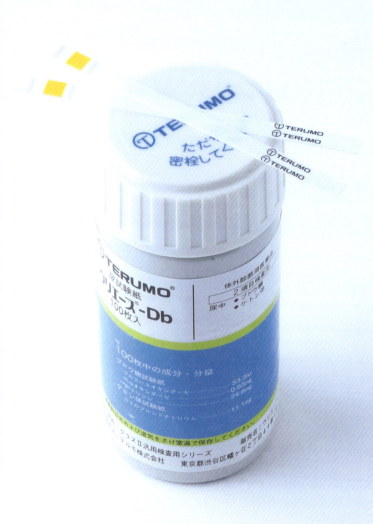

ウリエース-Db
TERUMO

NET:100sheets/PRICE:Open Price

肉体と脳のバランス度合は、これさえあれば一目瞭然

糖質制限のチェックにも有効なケトン体は、実は脳の働きにも大いに関係しています。体内のブドウ糖が足りなくなると、身体の脂肪が燃焼され、エネルギー源として使われるようになります。この時、肝臓で作られるのがケトン体です。血液中のケトン体が増加し標準的な値を超えている状態を「ケトーシス」と呼び、ケトーシスは十分な食料を得ることができずに飢餓状態になっても、ある程度生きていられるようにするための人体に備わった非常手段のような働きをしています。そのためケトーシス状態では、ダイエット効果が期待できると言われていて、その状態レベルを尿でチェックできるのがこの「ウリエース-Db」です。また、脳はブドウ糖しかエネルギー源として使うことができませんが、ケトン体はブドウ糖の代わりに脳のエネルギー源になります。しかし、過度なケトーシス状態は脳に良い影響がありません。そこで食事制限が過度になりすぎない状態を保つ目安として、僕は使っています。

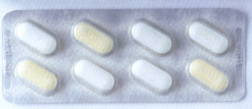

Panadol Extra

NET:24tablets

持っているという安心感を買っているのかもしれません

1年を通じてほとんど使うことはないのですが、それなりの風邪を引いてしまっても仕事に行かなければならない時に必要な風邪薬。そんな緊急時に活躍するのが、Panadol（パナドール）です。Panadolは日本での知名度はまったくありませんが、アジアおよびオセアニアでは最も知られた薬のひとつです。人によっては腹痛時にも飲む人がいるほどで、どこの空港の売店でも売っています。このPanadolの主成分は、アセトアミノフェン（パラセタモール）。日本でも子ども向けの解熱鎮痛剤で最も安全なのはアセトアミノフェンと言われ、小児の解熱剤の第一選択薬とされています。特に香港の薬局では、様々な効能別に分かれたPanadolを販売しており、僕もここで緊急用のために購入していますが、最後に風邪を引いた時を覚えていません。まあ、お守りみたいなものかもしれませんね。

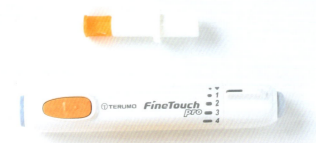

メディセーフプロ針
ファインタッチプロ
TERUMO

NET:30本/PRICE:Open Price

免疫力向上をはかるべく、自ら身体に針を打つ

帰国時に友人の鍼灸院へ通っているうち、見よう見まねで自分自身に施し始めたのが刺絡療法。この刺絡を調べると、「経絡の流注とその主治作用にもとづき、患者の病態に応じて皮膚・経穴・血絡を選択し、三稜鍼またはその他の鍼具を用いて浅刺し、少量の血液を放出して経絡の気血の流行を疎通せしめ、症状を緩和し、疾病の治癒をはかる方法」と説明がありますが、なんだか難しいですね。要するに指先にあるツボに小さな針を刺し、そこから悪い血を抜き出して自律神経を整え、免疫力を高める方法です。これが実に効きます。しかしいきなり指先に針を刺すのは、抵抗もあるし怖いのは僕とて同じです。そこでテルモの「ファインタッチ」です。本来この商品は糖尿病血糖値測定器のための採血用道具で、これを流用して自ら刺絡を施します。最近「プロ」と呼ばれるモデルに買い直しましたが、機能は同じです。

2WEEKS TO 6MONTHS № 63

FUROSHIKI
Vibram
SIZE:XS〜XL/PRICE:¥15,800

履けば履くほどクセになるけど、履いたカッコがちょっと変

多くの人気ブランドスニーカーに採用されている靴底「ビブラムソール」で有名なイタリアのソールメーカー「Vibram」。「五本指シューズ」などユニークなシューズを発売してその人気に拍車をかけていますが、最近「FUROSHIKI」なる折りたたみできるシューズが登場。まるでアイデア商品ですが、Vibramだけあってそれなりにしっかり履くことが可能です。この独特の履き心地は、初めこそ違和感がありますが、すぐにクセになります。ただし履いたカッコが少し変。海外モデルにはブーツなどのロングタイプもあって、やっぱりどれも履いたカッコが少し変。海外の友人たちには「忍者シューズ!」とウケはいいのですが、履いたカッコが少し変。機能性があって、折りたためる利点はNikeのフライニットシリーズでも可能ですので(メーカー推奨外ですが)、どうしてもFUROSHIKIが生理的にダメな方は、そちらをお求めください。なにしろ、履いたカッコが少し変なのですから。

2WEEKS TO 6MONTHS № 64

AIR JACKET
nano・universe

SIZE:S〜L/MATERIAL:Polyester100%/WEIGHT:300g/PRICE:¥13,888

軽くて小さく圧縮できる、コイツは頼れる旅の供

旅行用とうたったジャケットは数多くあり、どれもコンパクトに収納できたり、シワになりにくいなど、多くの機能を備えています。そのほとんどの商品を実際に購入し、もしくは試着しましたが、これは良いという商品に出会ったことがありませんでした。ところがnano・universeが出しているAIR JACKETは違いました。その名の通り、めちゃ軽くて薄いんです。もう、それだけがうれしい特長。日常的にジャケットは必要ではありませんが、旅先で急遽偉い人に会わなくてはいけなかったり、ドレスコードがあるレストランに入る必要があったりするので、念のためにジャケットの1着ぐらい持っておくことが身だしなみ。普段は圧縮袋に入れて小さくしておき、本当に必要になったらホテルにアイロンを借りるか、シワ伸ばしスプレーで解凍して使用します。これぞまさにトラベルジャケット。デザイン性も高く、この薄さと軽さに敵うものは、いまのところ見当たりません。

P8 MAX
HUAWEI
SIZE:W93×D6.8×H182.7mm/WEIGHT:228g/
PRICE:Open Price

＋

Micro X S240
POSH MOBILE
SIZE:W47×D11.6×H89mm/WEIGHT:52g/
PRICE:$89.99

"好き"が高じて同時に最大と最小を買っています

決してスマートフォンが好きなわけではありません。変態的なAndroidが好きになってしまったのです。と申しますのも、かのスティーブ・ジョブズがお亡くなりになって以後のAppleから、まったくと言っていいほど画期的な商品が出なくなってしまいました。いまでは、かつての素晴らしい商品がアップデートされた程度の認識で使用していますが、本当に面白くありません。そんな時ふと電気街を見ると、楽しいスマホが山盛りなんです。ここ最近はAndroid最大スマホと最小スマホを同時に買い続けています。現在、最大のスマホはHUAWEIのP8 MAXです。画面サイズ6.8in。もはやタブレット同然で、これはこれで使い勝手があります。一方、最小スマホはMicro X S240。画面サイズ2.2in。ご覧のように、P8 MAXの4分の1程度の大きさしかありません。しかし、基本的な機能は同じ。このあたりがAndroidの面白さですね。

2WEEKS TO 6MONTHS № 66

Sonicare
DiamondClean
PHILIPS

SIZE:W28×D31×H256mm/WEIGHT:135g/
PRICE:Open Price

やっと歯医者さんから合格点をもらえました

友人の歯科医に定期検診に行くたびに「磨きが悪い!」と怒られてきましたが、最近そこまで怒られることも減ってきました。理由はこの電動歯ブラシ「PHILIPS Sonicare DiamondClean」を使いはじめてからです。いままで数多くの電動歯ブラシを購入し、その度に「磨きが悪い!」と怒られてきたわけですが、これに変えてから怒られなくなったということは、それだけ性能が良いということなのだと思います。こればかりはカタログスペックをいくら眺めてもわかりませんし、実際に使ってみても本当に成果が出ているのかもわかりません。ケースに入れればUSBチャージが可能で、旅行に持って行くのにも重宝しています。電動歯ブラシとしては高額な部類ですが、歯の治療費と旅先の歯痛を考えれば、むしろ安いのかもしれませんね。

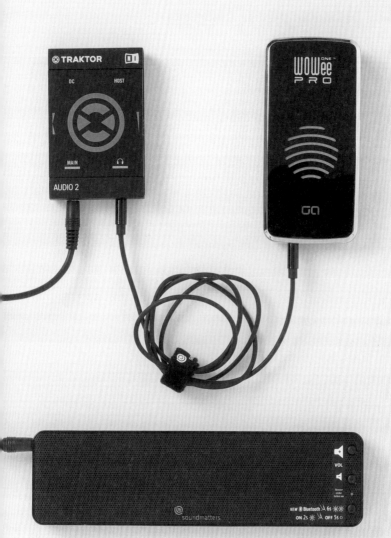

WOWee ONE PRO
WOWee

SIZE:W56×D116×H22mm/WEIGHT:150g/PRICE:¥13,800

＋
FoxL DASH 7s
soundmatters

SIZE:W190×D53×H18mm/WEIGHT:201g/PRICE:¥23,800

＋
TRAKTOR AUDIO 2 MK2
NATIVE INSTRUMENTS

SIZE:W55×D84×H16mm/WEIGHT:68g/PRICE:¥11,852

数ある小型スピーカーを駆使して満足いく音を作り出す

およそ3ヵ月に1台は購入している小型スピーカーですが、どうも音質とサイズの双方に納得できる商品に出会えていません。そこで最近は、帯域によって使い分けるようにしています。まずWOWee ONE PROは、このサイズでは考えられない低音を出します。それもそのはず、本体から低音を出しているだけではなく、WOWee ONE PROを置いた箱そのものを振動させ低音を増幅させているからです。その他に前作でも取り上げたsoundmattersのニューモデル「FoxL DASH 7s」をフルレンジとして使っています。本気で帯域を分岐したいのなら、DJ用のオーディオインターフェイスNATIVE INSTRUMENTS「TRAKTOR AUDIO 2 MK2」を使います。これらの組み合わせで、それなりに満足いくような音を楽しんでいるのが最近の僕の小型モバイルスピーカー事情です。もし1台だけをお求めになるなら、FoxLのBluetooth専用の小型モデルDASH4をお勧めします。

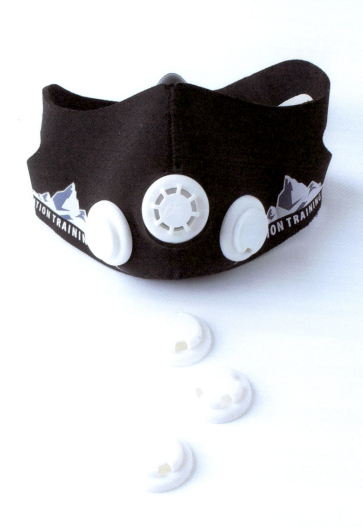

ELEVATION TRAINING MASK 2.0
TRAINING MASK

SIZE:165×180×100mm/WEIGHT:330g/MATERIAL:Neoprene/PRICE:¥12,480

疑似高地トレーニングは職務質問されかねない怪しさ

短時間で効率よく運動できればそれに越したことはありませんが、ジョギングだけは時短を考えるのは難しいようです。その悩ましい問題を解決してくれるのがELEVATION TRAINING MASK 2.0。プロアスリートの高地トレーニングを再現した身体作りをサポートするトレーニング用品で、誰でも肺活量やスタミナをアップさせることができる逸品です。付属のキャップを交換することで、高地レベルを変えられるのですが、一番低いレベルでもすぐにヘロヘロになってしまうほどです。60分のトレーニングが20分に短縮可能! と書いてありましたが、僕には20分も厳しい。一番の問題は、これをつけて外を走っているとあまりにも怪しいんです(笑)。日に焼けて真っ黒の男が、黒い上下を着てこのマスクをつけて街を猛ダッシュしていたら、怪しいを飛び越えて、社会問題の手前ぐらいなんじゃないかと我ながら思います。使用場所にはくれぐれも注意しましょう。

天然竹筆ペン
あかしや

SIZE:172mm/PRICE:¥2,000

漢字の効果たるや絶大。海外でしばしば書家になっています

数年前にイビサの巨大クラブで日本のパーティを開催した際に、大人気だったのが日本の書道でした。ステージ上に大きな紙を広げ、ライブで巨大な漢字を書く様は、あらゆる国の人々に大好評でした。確かに海外の友人に最も喜ばれるお土産は何かというと、その人の名前を目の前で筆ペンを使って漢字で書いてあげることで、人によっては僕が書いた乱筆を額縁に入れようとするほどです。そんなことをされたら恥ずかしいので、やめてもらうようにお願いしますが、それほど筆ペンでサーっと殴り書いた(ここ大事!)漢字の名前は、小さくてもウケが抜群です。ホアンは「保安」ではなく「穂庵」とするあたりも、腕!?の見せどころだと自負しています。かつては金の筆ペンを使用していましたが、どうも黒で書いたほうが神秘的に思えるらしく評判もよろしいので、最近はこちらを携帯しています。

重たい装備が
移動距離を
縮めていることを
ご存じですか?

YEAR
PACKING

1YEA

世界を引っ越し歩く僕の荷物はこれで必要にして十分

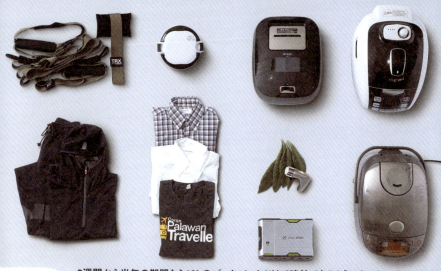

R

2週間から半年の期間なら10Lのバックパックだけで渡航できるようになった一方で、1年以上ともなればそれは完全な引っ越しになります。基本的にこれらの逸品たちは、拠点というより年間通じて最も多く滞在する都市に置いて行きますが、その際に倉庫を利用するのではなく、最近は定宿に預かってもらうようになりました。それがスーツケースがふたつになった利点でもあります。これなら飛行機に乗る際にすべてチェックイン可能で、両手で引いて持ち運べます。いまや大きな引越しも、スピーディかつ楽になりました。

1 YEAR № 70

SALSA SPORT MW 80
RIMOWA

SIZE:W375×D430×H800mm/WEIGHT:5.5kg/
CAPACITY:103L/MATERIAL:Polycarbonate/
PRICE:¥93,960

家財道具一式が収まる、"引っ越し用"スーツケース

長年愛用のスーツケース、というより家財道具一式入れとして使っているRIMOWAの「SALSA SPORT MW 80」が壊れ、その修理の間にもうひとつ購入して、いまは2台持ちになりました。実は円高時には欧州で購入すると、日本の半額以下で買うことが可能で、旅行に行った際、帰りに買って持ち帰ればいいのです。なにしろスーツケースですから。その後、今度はもう1台も壊れ気味になってしまい、どうにか騙し騙し使っていますが、もはや時間の問題かもしれません。もし本書の続編が出るとすれば、その時には3台使いになっている可能性もあります。修理コストと手間によっては、欧州であらたに買い直したほうがお得なこともあるほどで、日本やアジアの価格は高いですよね。なにしろブランド街の出店コストが乗っかっていますからね。その上、2年も遅れた商品構成。最近はやっと日本にも直営店ができましたので、最新商品のいち早い入荷を期待します。しかし、一体なぜこのシリーズを購入するのか。その理由はただひとつ。炊飯器が入るサイズだからなのです。

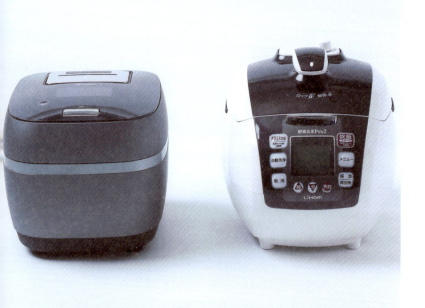

土鍋圧力IH炊飯ジャー JPX-A1
TIGER

SIZE:W238×D277×H218mm/WEIGHT:6.2kg/
PRICE:Open Price

＋
酵素玄米Pro2
LiHom

SIZE:W256×D345×H265mm/WEIGHT:4.5kg/
PRICE:¥60,000

DJでも、玄米の炊飯でも「2台使い」が基本なんです

その昔、アナログレコードでDJをするためにターンテーブルを2台使いしていました。10年前はCDJを2台使いし、さらにDVDJを2台使いして悦に入っている自分がいました。それがいまで、炊飯器2台使いする、立派な大人に成長したのです（ホントか!?）。この炊飯器を同時に2台使いする理由は、ここ何年もの間、口の中に入れるものの51％を玄米だけにしており、肉も魚も野菜も食べなくなったからです。偏食、変人、変態にもほどがあると友人たちに窘められますが、確かに玄米へのこだわり方は相当なものだと自負しています。まず1週間かけて、発芽醗酵玄米を作ります。ということは、その1週間玄米が食べられません。なので2台使いして、時差を利用して発芽醗酵玄米を作るわけです。わかりましたでしょうか？ ええ、まったくわかりませんね、どこに向かっているのか。自分でもそんな感じです。

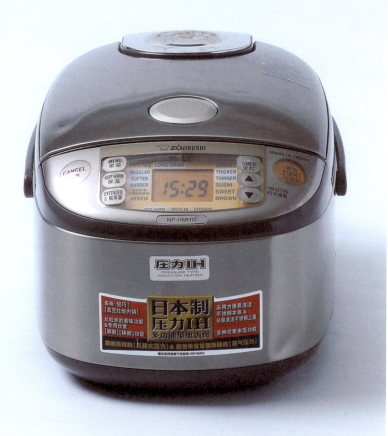

IH炊飯ジャー 極め炊き
NP-HIH18プラチナ内釜
ZOJIRUSHI

SIZE:W275×D395×H235mm/WEIGHT:6.5kg/
PRICE:Open Price

テロリストと間違われても、美味しい玄米が食べたい

100-110Vの国では、変圧器がなくても愛用の炊飯器をそのまま使って玄米を炊けますが、220Vの国に行く際には変圧器を炊飯器と一緒に持ち込む必要があります。それなりに海外に長く滞在する時には、その地の玄米を入手して食べるのが僕の楽しみのひとつなんです。しかし炊飯器を賄える変圧器となると驚くほど大きく重く、圧力炊飯器もそれなりの重さになってしまい搬入搬出が大変です。そこで220V専用の圧力炊飯器を購入。もうこれだけ持っていけば、美味しい玄米が食べられます! もちろん、機内手荷物として運びますが、注意は圧力炊飯器を爆弾代わりに使うテロもあるそうで、税関検査が大変です。「それは何かな?」と聞かれても「炊飯器です」としか答えられません。「税関で20年以上働いているけど、炊飯器を片手に持ってくる観光客は見た事ないよ」と言われても、なにしろ炊飯器なわけですから仕方がありません。まあ、僕の見た目にもよるのでしょうが、男はつらいよ。

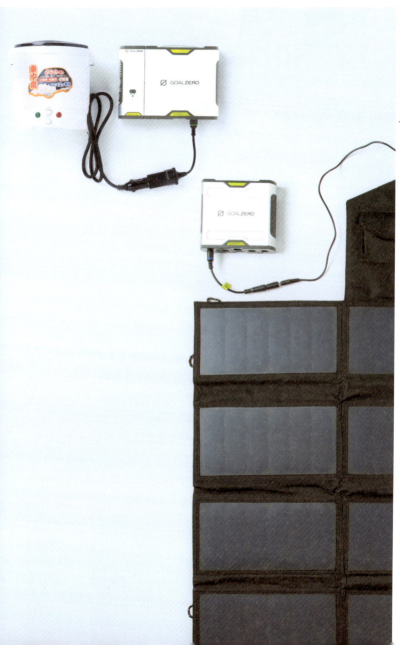

タケルくん
J.P.N

SIZE:W160×D150×H145mm/WEIGHT:592g/PRICE:¥5,540

＋
Sherpa100 Recharger V2
GOAL ZERO

SIZE:W147×H133×D38mm/WEIGHT:864g/PRICE:$349.99

＋
18V60W 折りたたみ式ソーラーチャージャー
ALLPOWERS

SIZE:W1140×D600×H5mm(Folding Size:W310×D190×H65mm)/WEIGHT:1360g/PRICE:¥18,517

このセットさえあれば、山奥でもしばらく生きていけます

お前はどんだけ玄米が好きなんじゃ！とお思いの方も、もはや少なくないように思います。これはソーラーで炊ける玄米炊飯システムなんです。もはや僕にとって玄米は、酸素や水の次に大事なもの。電気のない山奥でいくらお金やクレジットカードがあっても仕方がありませんが、これさえあれば当面やっていく事ができます。DC12V専用自動車・船舶用炊飯器「タケルくん」はネーミングこそいただけませんが、それなりに働きます。最近は18V60W高出力ソーラーも安価になり、リチウムバッテリーも高性能になりました。GOAL ZERO Sherpa 100を2台使いすれば、1台チャージ中にもう1台で炊飯が可能です。ちなみにこのセットなら、最近レギュレーションが変わって厳しくなったリチウムイオンの容量的にも、飛行機の機内手荷物での運搬がOKなんです。

PHANTOM 4
DJI
SIZE:350mm(Diagonal)/WEIGHT:1380g/PRICE:¥175,000

+
DBS EXTENDER ANTENNA
ITELITE
SIZE:W170×D90×H35mm/WEIGHT:150g/PRICE:$109.00

ビニールバッグに詰めて、改造ドローンをただ今運搬中

初代PHANTOMから買い替えに買い替えて、通算7台目。抜本的な変化はありませんが、PHANTOMシリーズは確実に進化しています。ただし進化の速度に陰りが見えます。それもそのはず、世の中の規制が厳しい上に、DJIはわずか数年で5000人近い従業員を抱える大企業に成長し、保守的になったからだと思われます。そうなるとユーザーが個々に自己責任で改造する必要が、ドローンの使い手には求められます。僕はポーランドのITELITEのアンテナに付け替え、飛行距離を大きく延ばしています。いまや10km超! で飛ぶようになりました。さてそんな僕がドローンの運搬に使っているのは、そのあたりの紙袋なのですが、最近気に入って使っているのはイビサでもらったCafe Ibizaのビニールバッグ。本来、水着などを入れて海に持って行くためのものだと思われますが、これがPHANTOMにピッタリのサイズ。様々な国に訪れますが、まさかこのビニールバッグに10kmも飛ぶドローンが入っているとは、どこの税関職員も思わない様子で、開けて見られたことがありません。

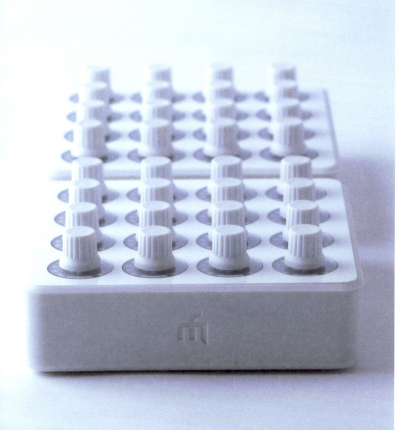

1 YEAR № 75

Midi Fighter Twister
DJ Tech Tools

SIZE:W154×D154×H57mm/WEIGHT:550g/
PRICE:$219.99

待望のロータリーコントローラーはうれしいことに多機能です

最近、DJの際にクラシックハウスを回すことも多く(と言ってもファイルですけど)、さすればUREI育ちゆえ、ロータリーのコントローラーが欲しくなるものですが、どうやらそのような商品を販売している様子がありません。エフェクト用のノブが並んだコントローラーはお見かけしても、いわゆるロータリーコントローラーはありませんでした。ところが僕以外にもそのようなコントローラーを欲しているDJがいるようで、全米の大きなDJサイトのひとつ、DJ Tech Toolsが独自に開発。ついにサイトで販売を開始しました。このTwisterが優れているのは、ただのロータリーコントローラーではなく、ステップシーケンサーとしても機能する点にあります。それゆえアプリケーションと連動して、複雑なリズムトラックを組むことが可能です。シンプルに見えて、実は多機能。ノブの感じも、実にプレイしやすいところが気に入っています。

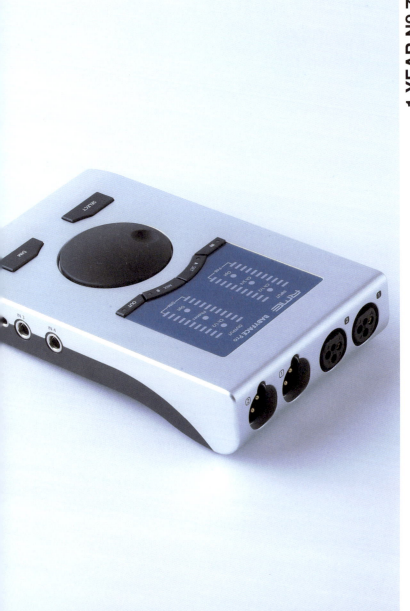

Babyface Pro
RME

SIZE:W108×D181×H35mm/WEIGHT:680g/
PRICE:Open Price

悩ましいタコ足配線をすっきりと解消できました

DJ用途に、つい最近までオーディオインターフェイスはApgeeのDuetを使っていましたが、RMEが満を持して発表したBabyface Proの音は実に素晴らしいと思います。192kHz/24bitのハイレゾ対応。開発陣が優秀なんでしょうね。この製品の登場により、聴き専で使っていたUSBプリアンプもインテグレーテッドアンプも、一切の使用をやめました。このままパワーアンプにつなぐか、パワードのスピーカーに直つなぎ。このサイズでは考えられないような素晴らしい音を奏でます。またタコ足のように伸びていたケーブル関係がスッキリしたのは、僕にとってなによりうれしい限り。いくら本体が小さくても、付属ケーブルや電源がゴチャゴチャだったらたまりません。現存するUSBバスパワーで動く、最高の小型オーディオインターフェイスだと思います。

# A-bike electric
Mayhem UK

SIZE:W350×D1000×H930mm
(Folding Size:W215×D410×H700mm)/
WEIGHT:12.3kg/PRICE:¥135,500

「ラストマイル」は最小かつパワフルな自転車で移動

世界最小の折りたたみ自転車として名を馳せていたA-bikeに電動モデルが登場。近年、環境問題の観点から、また、あたらしい価値観として公共交通機関を使う人々が増え、しかし、電車の駅やバス・ステーションを降りた後の「ラストマイル」と呼ばれる1kmから2km程度の移動を、どのように解決するべきか、世界中で様々な取り組みが行われています。そこで、日本の法律に準拠し、公道を走ることが可能な最小電動アシスト自転車がこのA-bike electricです。本機はサイズからは想像できないほどパワフルですが、乗り心地はイマイチ。でも、代替商品は見つかりません。実は日本の法律を無視すれば、もっと軽量でパワフルなものも多々ありますが、使用するためにはいつになるのかわからない道路交通法の改正まで待たねばなりません。これは、自動車大国である我が国の負の側面なのかもしれませんね。

1 YEAR № 78

パーソナルミニスケール
PS-130WH
KYOWA

SIZE:W210×D110×H24mm/WEIGHT:399g/
PRICE:¥Open Price

横乗りせず縦乗りするからこんなにもコンパクト

年々、少しずつ小さくなる体重計ですが、足には物理的サイズがありますので、そろそろ限界値に近づいてきたように思います。このKYOWAパーソナルミニスケールは、B5用紙より小さい体重計で130kgまで測ることが可能。コツは「縦乗り」する点にあります。この商品だけを見ると、横置きにして、そのまま乗ろうとお考えだと思いますが、縦乗りを基本にしていますので、ここまで小さくなったのです。それにより、安定感が増し、正しい体重が測定できます。また、体重計を使った荷物の測り方ですが、カバンをそのまま体重計に乗せるのではありません。荷物を抱えたまま体重計に乗り、その数値からご自身の体重を引くと正しい重さが割り出せます。最近、LCCと呼ばれる格安航空会社は、わずか数kgの違いで追加料金を求めてきます。その金額も安いとは言いがたく、その追加分だけでこの体重計が購入できるほどです。体調管理も荷物管理も、楽しい旅行の秘訣ですね。

Suspention Trainer
FORCE KIT TACTICAL
TRX

WEIGHT:998g (Full Set)/PRICE:$250.00

プロモデルを使うことに、意義があります

これは一見簡易トレーニングキットに見えますが、甘く見てはいけません。TRXは、これだけの専用ジムがあるほどの、自重を使った本格的トレーニングマシンです。もともとは不時着したパイロットが、体を鍛えるためにパラシュートの部材を使って、何もない場所でトレーニングをはじめたのが考案のきっかけだったとされていますが、このちょっとした紐にいくつもの特許があって、実に良くできていると思います。ドアに引っ掛けて、ホテルなどで鍛えるには最適なギアだと実感します。本来TRXはイエローカラーが基本ですが、僕が愛用しているのは「TACTICAL」と呼ばれるプロモデル。機能もまったく変わらず、色だけがプロっぽいだけのようにも思いますが、トレーニングの基本はまず気分からですから「プロ」って言葉だけで、やった気分になるものです。

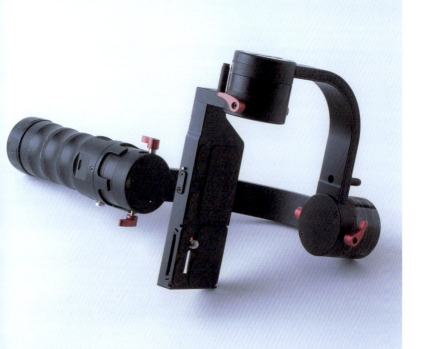

Beholder DS1
TRD

SIZE:W175×D160×H300mm/WEIGHT:1090g/
PRICE:$699.99

ここまでブレなきゃ、もう三脚はいらないかも

ここ数年、映像業界でゲームチェンジャーと呼ばれる画期的な機材が登場しました。それが、画像安定化装置と呼ばれる三軸ジンバルです。もともとはドローンの下に取り付けたカメラの揺れを軽減するものでしたが、いまでは独り立ちし、単独の機材として注目を集めています。なにしろ、歩いても止まっても走っても、カメラがまったくブレません。心はブレても、映像はブレないんです。いままで何人もの現場スタッフによって手がけられていたショットが、これ1台で誰でも可能になりました。ちなみにAlex Mosというオープンソースで作られていますので、頑張れば自作も可能です。でも間違いなく購入したほうが、できも良いですし、安価になると思いますね。このジンバルの登場で、三脚を持ち出すことは滅多になくなってしまいました。その点だけ見ても、画期的なゲームチェンジャーです。

TN36
THRUNITE

SIZE:φ64×D126mm/WEIGHT:390g/
PRICE:$269.99

手の中の明かりが自動車のヘッドライトを超えました

LEDの進化に伴い、フラッシュライトの高輝度化が止まりません。ここにご紹介するTHRUNITE TN36は、自動車のヘッドライトが3000 〜 4000ルーメン前後なのに対し、なんと明るさが7300ルーメンもあります。手のひらの中で自動車のヘッドライトより明るい光源を持てるとは、本当にいい時代になりました。これは最近話題の「徒歩暴走族」の必需品なのかもしれません。電源は汎用の18650バッテリーを4本使用し、ターボモードで使っても1時間半、2500ルーメンの明るさがあるハイモード(これで十分です!)で3時間半もちます。ちなみにLEDは、安定安心高性能のCREE製。ここ10年、LEDの進化はこの星の夜を大きく変えました。重さ390gですから、リモートのオンオフ機能をつけて、近々ドローンにつけて飛ばしたいと思っています。空からハイビーム!

81SL
airSUP

SIZE:W810×D2460×H100mm
(Packing Size:W800×D350×H460mm)/
WEIGHT:5.7kg/PRICE:¥83,148

＋
カーボン・3ピース・パドル
airSUP

SIZE:W210×D390mm(Blade)、1570〜2100mm(Length)/
WEIGHT:930g/PRICE:¥11,851

こんなはずじゃなかった、ストイックな僕流"SUP"スタイル

いまやパドリングもできないほど身体は鈍りましたが、そんな時にハマったのがスタンドアップ・パドル・サーフィン、いわゆるSUPです。初めは波のない静かな海や川などでメローに遊んでいたのですが、気がつくと川を逆流するようになり、また気がつくとインフレータブルと呼ばれる空気で膨らますSUPを背中に担ぎ、徒歩で山を越えて、上流の川を目指すようになりました。これならパドリングのほうが、楽じゃん! と思った時にはすでに遅く、登山と上流逆流SUPはデフォルトになってしまったのです。そこで見つけたのが、最軽量SUPで重さわずか5.7kg。8'1"(246cm)ほどあるのにとても軽量で、分解可能なパドルだって930g。これなら、それなりの山にも担いで登れます。いつものことですが、メローを目指していたはずが気がつけばエクストリームになっていて、まさに僕の人生そのものです。

1 YEAR № 83

PM-SUBmini2
Fostex

SIZE:W200×D233×H185mm/WEIGHT:3.6kg/
PRICE:¥15,000

驚くほど小さいけれど、ちゃんと腹にグッときます

「デザートは別腹」とはよく言ったもので、僕的には「低音は別腹」なんです。確かに高域は耳で聴いていますが、低域は腹で聴くものであり、いかに体(主に腹から下半身にかけて)にグッとくるかが重要です。ドン、グッ! って感じなのですが、これは本来スピーカーが目指している機能とは別の話で、それゆえ「低音は別腹」でして、サブウーハーが必要になるわけです。現存するそれなりのサブウーハーで、最小サイズのアクティブウーハーがこの「Fostex PM-SUBmini2」です。もともと評価が高かった前作を更新し、ちょっとだけパワーアップしました。高さが185mmしかありませんので(できれば目立つところに置きたくない)、スーパーウーハー独特の重々しい存在感がありません。でもグッとくるんですよ、腹に。低音は、腹で楽しみましょう。

ACTIVE TINY
JM10 PRO.
conisis

SIZE:W75×D75×H110mm/WEIGHT:600g(1台)/
PRICE:Open Price

サイズ感を裏切るパワーで、納得できる音を出す

大型モニターを持ち出すほどではありませんが、ポケッタブルなスピーカーでは心もとない時に活躍する小型パワードモニタースピーカー。前作でご紹介したBOSE M3からの乗り換えです。このconisisのパワードスピーカーは、「モニター」と名付けられていることからも、癖がないフラットな音の再現性を目指していることが理解できます。BOSEが奏でる音が、どこか80年代っぽいとお思いの方にはピッタリかもしれません。最近は音楽再生アプリケーションの選択肢も広がり、イコライザーだけでなく古いアンプをシミュレーションできるアプリもありますので、スピーカーやヘッドフォンはできるだけ癖がないものに限ります。その上、このサイズで驚くほどの音量を出します。さらに低域が物足りない場合は、前述のFostexのサブウーハーをつなげることで、低域を補うといいでしょう。

1 YEAR № 85

Coffee Maker SP-100
STARESSO

SIZE:φ70×H220mm/WEIGHT:530g/PRICE:¥16,562

+
MINI COFFEE GRINDER
PORLEX

SIZE:φ50×W162×H170mm/WEIGHT:235g/PRICE:$49.00

本格マシン並みの高圧力で抽出するコーヒーが美味しい

一時はやめていたコーヒーですが、数年前のサードウェーブコーヒー・ブームにより、僕の中でコーヒー熱が再燃。もともと世界中のコーヒー園を回り、時には働き、時には植樹するほどコーヒー狂でしたので、豆に関して一家言あります。それゆえ、器具もハリオやカリタ、それにエアロプレスなどでは満足できず、辺境器具を追い求める日々を送っています。そんな中、マイナーな存在ですが「STARESSO」は、小型エスプレッソマシンとして秀逸だと思います。エスプレッソは、気圧が勝負で、小型機ほど大切なんです。前作でご紹介した「Handpresso」が16barなのに対し、このSTARESSOは20barもあります。そんなスペックより、なにより味が美味しい！ 安易にパッケージ化されたPodは一切使わず、産地に出向き、小型のセラミックミルを使って、煎り立てのコーヒー豆を自分で挽いて飲むのが旅の楽しみのひとつです。

衣類スチーマー
NI-FS360
Panasonic

SIZE:W70×D150×H140mm/WEIGHT:680g/
PRICE:Open Price

人生初のまともなアイロンも、よく見りゃヘンテコ

おそらくこれが人生で初めて購入した、まともなアイロンです。振り返れば4半世紀前、2年半にもおよぶ乗用車生活から立ち直った僕は、一軒家を借りたのはいいのですが、冷蔵庫などの白物家電を購入することに抵抗があり、頑張って買おうと秋葉原に向かっても、帰り道にはなぜかコンピュータを買ってしまっているような生活が続きました。結局2年半住んだその家は、コンピューターは何十台とあっても、ずっと冷蔵庫がない生活を続けていたのです。そんな日々でしたので、もちろんアイロンなどありません。あれから時を経ましたが、最近もそのような「生活下手」なのは変わりなく、ずっと旅行用の小さなアイロンだけで過ごしてきました。しかしついにアイロンを購入するに至りました。何が良くて購入したのか、自分でもまだ整理できていません。モノから考えると、僕自身の本格的な社会復帰が近いかもしれませんね。でも、よく見れば変なアイロンかも。

クリーニング屋さんの
エリそで洗剤 業務用
AIMEDIA

NET:70g/PRICE:¥466

襟と袖の頑固な汚れをピンポイントですっきり落とす

どんなに良い洗剤でも、頑固な汚れは落ちづらいもの。特に襟と袖の汚れは困ったものですよね、とお昼の生CMのような出だしで原稿を書いていますが、事実は事実。僕が使っているのは、業務用のエリそで洗剤です(ここで、商品のアップカット)。これは、実際にクリーニング店でも使用されている逸品で、使い方はとても簡単。タッチペンのようなスティックタイプになっていますので、汚れが目立つ箇所にキュッキュッと塗って、大体30分ほど放置します。その後そのまま洗濯機で洗えば、驚くほどきれいになるんです。あまりに頑固な汚れの場合は、塗った後、ひと晩放置しておきましょう。それから洗濯機でザバーっと洗えば、アラ不思議、頑固な汚れもすっかりきれい、とお昼の生CMのような原稿を書いていますが、事実は事実なんです。では、また明日!

1 YEAR № 88

CUSTOM MADE JEANS
Double Volante

SIZE:26〜44inches/MATERIAL:Cotton100%/
PRICE:¥27,000〜

忘れっぽい僕のための、収納力抜群のデニムパンツ

どうしても手ぶらが貫きたくて、その理由は表向きには「両手が空いていた方が、脳が闊達に働き、情報を取りやすい」などとビジネス雑誌の取材では答えておりますが、実際は忘れ物ばかりするからです。そうか、だから高価なカバンが嫌いなのかもしれません。なにしろ忘れるんですよ、カバンごと（笑）。現実問題としては笑えませんね。というわけで日常的にはとにかく荷物を減らし、すべてをポケットに入れるようにしています。さすがの僕も、着ているボトムを外で脱いで忘れるほどではありません。ならばと、沖縄のデニムメーカー（とは言っても個人）「Double Volante」にお願いして、iPad miniが入るデニムの製作を依頼しました。幸いなことにお願いした当時はiPad mini初号機でしたが、いまや4代目となってもiPhoneのように著しくサイズが変わらないので、ずっと愛用しています。

1 YEAR № 89

黄帝灸
ナノプラチナI型
サービス経営研究所
SIZE:W124×D46×H110mm/WEIGHT:252g/PRICE:¥38,000
＋
ビワの葉

歴史ある東洋医学の知恵を軽んずることなかれ

次世代シーケンサーの登場により、ここ数年でハイテク医療検査の進歩はめざましいのですが、一方で個人ベースの東洋医療器具関連に大きな進展はありません。確かに鍼などは、この先1000年経っても同じでしょうね。僕もまた前作と変わらず、いまも100Vから240Vまで対応する温灸器「黄帝灸」（旧モデル）と生ビワの葉を使って自らの体を癒したり、旅の同行者に温灸を施しています。ビワの木は日本だけではなく、アジアはもちろんバルセロナなどの欧州にもありますので、良い葉を見つけたらそっとキープしてまして、時には生葉を数枚圧縮袋で持ち歩くこともあります。最先端のテクノロジーを組織をあげて駆使する西洋医学と、何千年という歴史を持つ個人ベースの東洋医学をハイブリッドに取り入れることが、現代を生き抜くコツなんだと実感しますね。

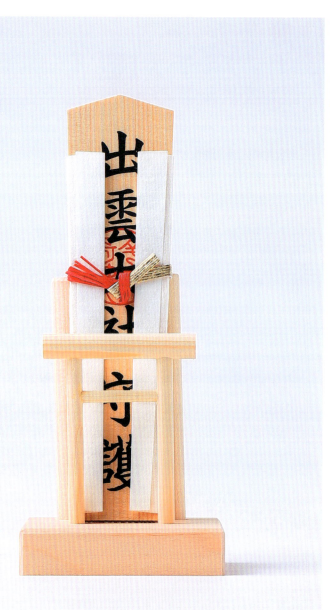

モバイル神棚
＋
出雲大社のお札

手を合わせる対象だけはデジタル化しちゃいけませんかね？

前作を執筆している最中に、担当編集者が一にも二にも真っ先に手に入れに行ったという、出雲大社のモバイル神棚と僕が呼んでいる小さなお社とお札。出雲大社の主祭神は、日本最古のバックパッカー大国主命で、「いなばの白兎」のお話でも有名なお方。また、縁結びの神様としても知られています。前作では、この先永遠にデジタル化されないモノの象徴としても取り上げましたが、「縁」を今風に言えば「ネットワーク」ですので、出雲大社は古代のハブ機能や大陸からのポータル機能を担っていたのだろうと想像を膨らませています。そう考えれば、先進性があった出雲大社こそ、どこよりも早くオンラインお社を建立してもいいのでしょうが、さすがにチョット無理がありますかね。いまはまだ、この先永遠にデジタル化されないモノの象徴なのかもしれません。

ReaLine CORE
GLAB

SIZE:W207.4×D32.8×H133.4mm(Back Frame)/
WEIGHT:1.5kg/PRICE:¥100,000

移動による疲れや不調を身体のコア(中心)から整えます

自慢ではありませんが、僕は身体が硬いんです。ヨガを(たまに)やっても、硬いものは硬いワケで、ある日突然軟体動物みたいにはなりません。それなのに移動が多く、その疲れは腰に蓄積され、もともと硬いのに無理して動くわけですから、あちこち曲がります。そこでReaLine COREです。ReaLine COREは、コアを構成する骨盤と胸郭の歪みを整える(リアライン)ための運動補助具で、これを装着しながら足踏み、歩行、スクワットなどを行うと、徐々に骨盤が左右対称な状態に誘導されます。それに伴って可動域が広くなり、動くのが楽になるのです。友人の美人女優(自称、と言ったら怒られるかも)も、これでO脚をそれなりに克服しました。スポーツ界で話題沸騰らしく、プロ野球選手がキャンプに持参しているそうです。

セラミック
折りたたみナイフ N704W
CERA

SIZE:W28×D213mm（Blade:90mm）/WEIGHT:30g/
PRICE:¥2,000

＋
X BOWL
SEA TO SUMMIT

SIZE:φ150×H15〜58mm/WEIGHT:80g/CAPACITY:650ml/
MATERIAL:Silicon×Nylon（Bottom）/PRICE:¥1,800

調理器具は錆びないこと、食器は割れない条件で選びます

玄米を食べる時のお茶碗はどうしてるの？とたまに尋ねられることがありまして、かつては瀬戸物茶碗を使っていましたが、やはり運搬が多いと割れてしまうこともあって、最近はシリコンの「SEA TO SUMMIT X BOWL」をお茶碗代わりに使っています。これをふたつほど持っておりまして、ひとつは錆びないセラミック製ナイフのまな板同然に使用してますので、もうボロボロになってしまいました。このSEA TO SUMMIT X BOWLの良い点は、洗うのが簡単なところ。問題点は買ってから当分の間、シリコン臭が強烈なことです。その上、カレーなどの匂いもつきやすく、なんとも言えない人工臭が初めは漂います。ですから、お求めになってすぐに使うのは少々危険。ご自宅で数度お使いになり、その上でキャンプ等に持ち出すのがいいでしょう。金属アレルギーの方にもお勧めです。

カーボンフラット三脚
BENRO

SIZE:H380(Lowest)〜1320(Highest)mm/WEIGHT:700g/
PRICE:¥47,000

＋

G2180
Gitzo

SIZE:H85mm/WEIGHT:570g/
PRICE:¥35,000

三脚を三脚としてではなく、意外な用途で使い倒しています

ドローン技術を応用した三軸ジンバルの登場や、映像編集アプリケーションの進化により、高度な手ぶれ補正が可能になりました。そのおかげで、いまでは三脚を持ち歩くことがすっかりなくなってしまったのです。とはいえそれでも三脚を手放さない理由がふたつあります。ひとつは三脚特有のフォルムを脱却し、完全にフラットになる良いデザインの三脚が登場したこと。ふたつめの理由は、別に三脚はカメラを載せなくてもいいワケで、ご覧になるとおわかりになりますが、横から垂直にバーを取り付けられるように改造し、ここにコンピュータなどを置ける「マルチテーブル」として三脚を活用できるからです。いまや三脚はカメラだけのものではありません。モノは作り手が考えもしない使い方をするのが、真のユーザー。そう勝手に考えて、今日も僕はモノたちをヒーヒー言わせているのです。

モバイルとサバイバルの
交差点に立って、
パッキングを考える。

FUTURE
PACKING

インフレータブルハウス

「インフレータブル」が
これからのキーワードになるでしょう

こんなに身の回りにあって、もっと活用したらいいんじゃないか、とお話しすれば、多くの方は、太陽光をお考えになるかもしれません。そして、もうひとつの可能性。それは空気なんです。近年、素材や素材の組立方法が大きく進化したことによって、「インフレータブル」と呼ばれるものが増えました。これは、空気などを注入することにより膨らませ、膜の内圧により構造を支持して使う膜構造物の総称です。これで家や劇場まで作るプロジェクトが、世界中ではじまっています。「インフレータブル」であれば、どこへでも持ち運べる安価なモバイルハウスも可能で、あたらしい自然との距離を考える機会にもなるでしょう。未来は、思いのほか前倒しでやってきました!

EPILOGUE

「旅」や「あたらしい日常」から僕なりの反骨と生き様を見つけ出そうとしています

　「アイデアは移動距離と比例する」というのは、僕の25年以上にわたる実感で、事実そうなのだと確信しています。家の中で机に向かって何か考えるより、ブラリと駅前まで歩いて、面白いオジさんとすれ違うだけで、あたらしいキャラクターを思い浮かぶかもしれないし、何十時間もかけてアフリカまで出向けば、そんな機会はもっと増えるのだろうし、実際その通りなんです。

　その上、巷でよく言われる「どこでも働ける」というのは、wifiが完備したカフェやしっかりとした交通網がある小都市やリゾートではなく、インフラすらままならない場所を僕にとっては意味します。それは、現代社会では「圏外」と呼ばれる場所なんです。身軽に「圏外」に出向いて、パッと「生活環境」を整えて、増大したアイデアをもとに仕事に私事に精を出せれば、人生は大いに豊かになるものだと、これまた実感しています。

　また、家をやめたり、驚くほどに荷物を小さくしたり、信じられない速度で移動を続けるのは、ちょっとした「社会への抵抗」なのかもしれません。音楽や文学から反骨や生き様、それに自由ま

でがなくなってしまってからしばらく経ちますが、僕はその次としての「旅」や「あたらしい日常」に、反骨や生き様を見つけ出そうとしていると、改めて本書を書きながら感じています。かつての「反骨としてのモノ」がギターだとしたら、いまの僕にとっての「反骨としてのモノ」は、ドローンに代表される、本書に収録した未来ディバイスの数々なのでしょう。

　この行方はわかりません。さらなる高速移動なのか、定住なのか、それとも火星移住なのか、僕自身もわかりませんが、それを含めて楽しんでいる自分がいます。

　本書は、多くの方々のご協力ででき上がりました。モノに関して多くの知見をお持ちの編集の高橋さん、頻繁に変わる商品構成のレイアウトを何度も組み直してくれたデザイナーの小林さん、僕の知る限り、日本一のガジェット・フリークなカメラマン高橋さん、そして、ついに家をやめたパブラボの菊池さん。また、日本を代表するモノ雑誌やセレクトショップで働く友人たちのアドバイスなくして、本書はでき上がりませんでした。そして最後に、僕に素晴らしい逸品を教えてくれたメールマガジン「高城未来研究所/Future Report」のセンスの良い読者の皆さんに感謝したいと思います。本当に、ありがとうございました。

　3年後のことなんて、わかりません。自分も社会も国家も世界もすべて。それが、未来のたったひとつの事実なんです。だから、荷物を減らし、上手にパッキングし、あらゆるリスクに備え、心身ともに行けるところまで行って、人生を拡大しましょう！

　次回、「Life Packing2020」は、いよいよ「手ぶらで世界一周」の予定です（たぶん）。

　皆々様、どうか懲りずに末長くお付き合いいただければと存じます。火星移住の日まで。

2016年6月吉日　深圳にて。

高城 剛

高城剛 TSUYOSHI TAKASHIRO

1964年葛飾柴又生まれ。日大芸術学部在学中に「東京国際ビデオビエンナーレ」グランプリ受賞後、メディアを超えて横断的に活動。著書に『「ひきこもり国家」日本』(宝島社)、『私の名前は高城剛。住所不定、職業不明。』(マガジンハウス)、『モノを捨てよ世界へ出よう』(宝島社)、『LIFE PACKING』(晋遊舎)、『世界はすでに破綻しているのか?』(集英社)、『2035年の世界』(PHP研究所)、『人生を変える南の島々』など多数。自身も多くのメディアに登場し、NIKE、NTT、パナソニック、プレイステーション、ヴァージンアトランティックなどの広告に出演。総務省情報通信審議会専門委員など公職歴任。2008年より、拠点を欧州に移し活動。現在、コミュニケーション戦略と次世代テクノロジーを専門に、創造産業全般にわたって活躍。ファッションTVシニア・クリエイティブ・ディレクターも務めている。メールマガジン『高城未来研究所』を発信中。

LIFE PACKING 2.1
未来を生きるためのモノと知恵

2016年8月19日　第1刷発行
2016年9月 4日　第2刷発行

AUTHOR 高城 剛

DESIGNER 小林祐司
PHOTOGRAPHER 高橋宣仁(ヒゲ企画)
EDITOR 高橋政喜／清水ヒデ

PUBLICATION 株式会社 パブラボ　〒101-0043 東京都千代田区神田富山町8番地アツミビル
TEL 03-5298-2280　FAX 03-5298-2285
PUBLISHER 菊池 学
STAFF 伊藤宣晃／田中智絵／木村 馨／薗部寛明／三澤 豊／中山浩之／西室 桂／久田敦子

DISTRIBUTION 株式会社 星雲社　〒112-0005 東京都文京区水道1-3-30　TEL 03-3868-3275
PRINTING 株式会社 報光社

©Tsuyoshi Takashiro 2016 Printed in Japan
ISBN 978-4-434-22220-7

本書の一部、あるいは全部を無断で複製複写することは、著作権法上の例外を除き禁じられています。
落丁・乱丁がございましたらお手数ですが小社までお送りください。送料小社負担でお取替えいたします。